Annegret Haake

JAVANISCHE BATIK

Annegret Haake

JAVANISCHE BATIK

Methode, Symbolik, Geschichte

VERLAG M. & H. SCHAPER HANNOVER

textilkunst-fachschriften

CIP-Kurztitelaufnahme der Deutschen Bibliothek

Haake, Annegret:
Javanische Batik: Methode, Symbolik, Geschichte /
Annegret Haake. – Hannover: Schaper, 1984.
(Textilkunst-Fachschriften)
ISBN 3-7944-0138-7

© 1984 by Verlag M. & H. Schaper, Hannover   Printed in Western Germany

Herstellung: Doblerdruck GmbH & Co KG, Alfeld (Leine)

ISBN 3-7944-0138-7

Inhaltsverzeichnis

Vorwort 6
1. Einleitung 7
1.1.   Warum dieses Buch? 7
1.2.   Fremdwörter und ein bißchen Chemie 7
1.3.   Was ist Batik? 8

2. Batikherstellung 11
2.1.   Material und Geräte 11
2.1.1. Stoffe und Zuschnitte 11
2.1.2. Wachs und andere Reservierungsmittel . . . 13
2.1.2.1. Die Bestandteile der Wachsmischungen
        und ihre Eigenschaften 15
2.1.2.2. Das Mischen von Wachs und einige Beispiele 16
2.1.2.3. Einstellung bzw. Berechnung des Schmelz-
        punktes der Mischung 16
2.1.2.4. Andere Reservierungsmittel 16
2.1.3. Farbstoffe und Färbemethoden 17
2.1.3.1. Küpenfärberei am Beispiel des Indigo 18
2.1.3.2. Beizenfärberei, Entwicklungsfärberei 19
2.1.3.3. Naphtholfärberei 20
2.1.3.4. Sogafärberei 21
2.1.3.5. Erzeugung verschiedener Farben auf Batiken
        mit Pflanzenfarbstoffen 22
2.1.3.6. Farbstofftypen und ihre Färbemechanismen . 23
2.1.4. Geräte zur Wachsapplikation 24
2.1.4.1. Canting und Zubehör 24
2.1.4.2. Cap und Zubehör 25
2.2.   Arbeitsfolge bei der Batikherstellung 28
2.2.1. Herstellung einer klassischen „Batik tulis"
        in Yogyakarta 29
2.2.2. Andere Verfahren 30

3. Batik aus Java – lebendige Tradition 35
3.1.   Entwicklung der Batikkunst in Indonesien . . 35
3.2.   Klassische javanische Batikmuster 37
3.2.1. Muster aus geometrischen Grundformen . . . 38
3.2.1.1. Banji 38
3.2.1.2. Stempelartige Muster, stilisierte Darstellungen
        von Blüten- und Fruchtquerschnitten 38
3.2.1.2.1. Ceplok 38
3.2.1.2.2. Ganggong 38
3.2.1.2.3. Kawung 38

3.2.1.3. Webimitationen: Nitik und Anyaman 42
3.2.1.4. Lereng oder Garis miring und Parang 45
3.2.2.   Muster aus „nichtgeometrischen" Grund-
          formen 49
3.2.2.1. Semen 49
3.2.2.2. Alas-Alasan 59
3.2.2.3. Buketan und Terang Bulan 61
3.2.3.   Sammelmuster 61
3.2.3.1. Tambal 61
3.2.3.2. Mustertücher 62
3.2.3.3. Zusammengesetzte Muster 62
3.2.4.   Füllmuster „Isen" 64
3.2.5.   Randverzierungen „Pinggiran". 67
3.3.   Batiken der Nordküste Javas „Pasisiran". . . 73
3.3.1.   Buketan 73
3.3.2.   Terang Bulan Pasisiran 74
3.3.3.   Lokcan 75
3.3.4.   Szenische Darstellungen 77
3.3.5.   Cirebon 78
3.4.   Verwendung von Batik – einst und jetzt . . . 83
3.4.1.   Traditionelle Kleidung 83
3.4.2.   Batik im Lebenslauf eines Javanen 87
3.4.3.   „Larangan" – verbotene Muster 91
3.4.4.   Batik als Beitrag zur Ikonographie des
          javanischen Schattenspiels 93

4. Batik-„Provenienzen" Javas 94
4.1.   „Fürstenländer" (Mitteljava) 95
4.2.   Küstengebiete „Pasisiran" 100
4.3.   Westjava 100
4.4.   Ostjava und Madura 102
4.5.   Andere Zentren in Indonesien 105

5. Qualitätsbeurteilung einer Batik und die
   Erkennung von Fälschungen 109

6. Anhang 113
6.1.   Symmetrie der Ebene und ihre Anwendung
          auf javanische Batikmuster 113
6.2.   Literatur zum Anhang 120
7.   Literaturverzeichnis 121
8.   Bildnachweis 123
9.   Stichwörterverzeichnis 124

Vorwort

Spricht man von Java, dann denkt man unwillkürlich auch an Batik ebenso wie an hohe Bevölkerungsdichte, kunstvoll geschmiedete Flammenschwerter mit Namen Kris oder den Zauber eines nächtlichen Wayangspiels.

Anders als bei Batiken westlicher Machart, die als künstlerische Aussage gesehen werden wollen, stellen sich beim Betrachten javanischer Kains und Sarongs Fragen nach Ursprung und Geschichte der zahllosen Flächenmuster mit Tradition. Man fühlt sich magisch angezogen von Legenden, die sich um manches alte Muster gebildet haben, und aus anfänglichem Interesse wird sehr schnell ein intensives Studium.

Das Ergebnis eines solchen harmlosen Beginns liegt hier fertig vor mir, ich halte Rückblick und lasse alle, die mir in irgendeiner Form Hilfe geleistet haben, in Gedanken Revue passieren.

Allen möchte ich an dieser Stelle danken und versichern, daß dieses Buch ohne sie noch nicht so weit gediehen wäre.

Im einzelnen danke ich:

Frau B. Koch-Münchmeyer, Herausgeberin der Zeitschrift textilkunst, Hannover. Sie gab den entscheidenden Anstoß, die zusammengetragenen Erkenntnisse in einem Buch zu veröffentlichen, und veranlaßte die Drucklegung im Verlag M. & H. Schaper,

dem Museum für Völkerkunde in Frankfurt für die Bereitstellung der Baststoffe zu Fotozwecken und die Genehmigung zu ihrer Veröffentlichung,

dem Rijksmuseum voor Volkenkunde in Leiden für die Genehmigung zur Wiederveröffentlichung der in ,,Bodrogi: Kunst in Indonesien" unter Nr. 59 abgebildeten Bastjacke,

dem Institut für Südostasienwissenschaften und dem Frobenius-Institut, beide in Frankfurt, für die Benutzung ihrer Bibliotheken, sowie

Herrn Professor Dr. H. Wondratschek, Karlsruhe, und Herrn J. Lehmann, ATA HOECHST AG, für die Durchsicht der ihr Fachgebiet betreffenden Manuskriptseiten.

Mein besonderer Dank gilt:

Herrn R. G. Smend aus Köln. Er stellte einige der schönsten Stücke aus seiner Galerie und aus seiner privaten Sammlung für Fotos zur Verfügung und hatte immer Zeit für ein Batikgespräch. Durch seine Vermittlung konnte der Kain für die Abbildung auf dem Einband von Herrn D. Harper, Yogyakarta, ausgeliehen werden. Auch ihm bin ich für die gute Kooperation dankbar.

Herrn J. Beyersdorfer aus Kronberg. Er fotografierte in seinem Studio einige großformatige Kains, für deren Aufnahme mir selbst die technischen Voraussetzungen fehlten, und stiftete sie für dieses Buch.

Zu Dank verpflichtet fühle ich mich:

Frau Sudewi Samsi aus Yogyakarta,
Herrn R. T. Hardjonagoro aus Solo,
Familie Masina aus Trusmi/Cirebon,
Familie Wijaya (Oey Soe Tjoen) aus Kedungwuni/Pekalongan und
der Dorfgemeinschaft Margorejo/Tuban

für persönliche Gespräche über technische und kulturelle Fragen der javanischen Batikkunst.

Den größten aktiven Anteil an dieser Arbeit haben jedoch alle Mitglieder der Familie Winotosastro aus Yogyakarta und Herr Dr. R. Rothbauer aus Hattersheim genommen.

Als Mitglied der Familie Winotosastro konnte ich an Ort und Stelle immer wieder die komplizierten Herstellungsmethoden beobachten und meinen Blick am reichhaltigen Programm traditioneller Batikmuster schulen.

Der Anhang über Symmetrie konnte nur nach langen Diskussionen mit Herrn Dr. Rothbauer formuliert werden.

,,Meiner Familie" in Yogyakarta und Herrn Dr. Rothbauer spreche ich deshalb meinen wärmsten Dank aus.

Mit diesem Buch erhebe ich keinen Anspruch auf Vollständigkeit in der Erschöpfung des Themas. Aber ich wäre glücklich, wenn ich hiermit nur einen Teil meiner eigenen Begeisterung für die alten Kulturen Indonesiens auf die Leser übertragen könnte.

1. Einleitung

1.1. Warum dieses Buch?

. . . The sense of the sublime, of misfortune or happiness, of love or hate, nobility or contempt – all of these sparked the soul of the batik-maker in ancient times. But today?

. . . Das Gefühl des Erhabenen, des Mißgeschicks oder des Glücks, der Liebe oder des Hasses, des Vornehmen oder Verächtlichen – all dies beschäftigte die Seele des Batikmachers in früheren Zeiten. Aber heute?

Diesen Stoßseufzer tat Raden Tumenggung Hardjonagoro, der Leiter des Palastmuseums in Solo in seinem Vortrag über Geschichte und Philosophie javanischer Textilien, den er anläßlich des ,,Roundtable'' am Textile Museum, Washington, 1979 hielt. Und er beklagte darin den allgemeinen Niedergang des meditativen Charakters der Batiken und ihre Wendung zum Kommerziellen. Dasselbe äußerte er einige Monate später, als ich ihn in seinem Haus in Solo/Java besuchte. Er sprach mir aus der Seele; hatten doch die wilden Muster und Farben der Importbatiken auf deutschen Messen mich veranlaßt, in einer Ausstellung die Schönheit traditioneller Batiken aus Java zu zeigen.

Die Frankfurter Sparkasse von 1822 stellte 1976 großzügig Räume und Mitarbeiter zur Verfügung. Meine Freunde Winotosastro aus Yogyakarta brachten so viel Material aus ihrer Werkstatt mit, daß eine Systematik der traditionellen Muster aufgebaut werden konnte. Historische Stücke und typisches Werkzeug steuerten das Museum für Völkerkunde, Frankfurt, und die indonesische Botschaft in Bonn bei.

Mit den vielfältigen Stoffen und Gegenständen konnte das Publikum nicht allein gelassen werden. Begleitende Texte auf Tafeln und in Schaukästen sowie eine Broschüre erforderten ein gründliches Befassen mit der Materie. Die Ausstellung war erst der Anfang; das Thema ,,Batik'' an sich, die Freude an edlen Stoffen – und der Ärger über schlechte Kopien oder sinnlose Kombinationen von Motiven – ließen mich nicht mehr los.

Immer mehr wird die Klage des R. T. Hardjonagoro traurige Wahrheit: Bunteste Batikprodukte und Nachahmungen über-schwemmen den Markt. Schlimm ist es zu sehen, daß gerade die beziehungslosesten ,,exotischen'' Muster Liebhaber finden, während der Wert feiner, traditionell gemusterter Tücher nicht erkannt wird. Ganz arg wird es dann, wenn Maschinendrucke mit Batik gleichgesetzt werden, weil der Laie den Unterschied nicht sieht.

So ist das Hauptanliegen dieses Buches, über die hohe Kultur Javas am Beispiel ,,Batik'' zu informieren. Zum anderen soll es eine Hilfe sein, eine Batikarbeit hinsichtlich der Qualität von Zeichnung und Originalität zu beurteilen. Und zum dritten soll es das Verstehen der Menschen fördern, die sich mit dieser uns fremden Kultur identifizieren. Mir sind sie Freunde geworden.

1.2. Fremdwörter und ein bißchen Chemie sind manchmal unumgänglich

In diesem Buch wird man viele Fremdwörter finden. Ich erachte es als wichtig, die Originalausdrücke in der heute üblichen Schreibweise wenigstens zu erwähnen, aber auch gleich ihre Bedeutung zu erklären.

Manchmal gibt es mehrere Ausdrücke für denselben Begriff. Dazu muß man wissen, daß allein auf Java zwei Hauptregionalsprachen existieren (Javanisch und Sundanesisch), die neben der Staatssprache Indonesisch gesprochen werden. Javanisch hat überdies für fast jeden Begriff bis zu drei Formen, die je nach sozialem Rang des Angesprochenen und des Sprechenden verwendet werden; z. B. spricht die Mutter zum Kind in einer einfachen Sprache. Das Kind selbst hat ihr in einer höheren Sprache zu antworten, während es mit seinen Geschwistern und dem Kindermädchen in der niedrigeren Stufe bleibt. Spricht man über sich selbst, so tut man das in einer niedrigeren Stufe als über Angelegenheiten eines angesehenen Dritten. Die verschiedenen Ausdrücke bei der Batikherstellung können also sowohl verschiedenen Sprachen als auch Sprachstufen entstammen. So ist z. B. ,,Batik'' bzw. ,,mbatik'' ein Ausdruck des niederen Sprachniveaus ,,Ngoko'', während derselbe Begriff im höheren Niveau ,,Kromo'' mit ,,Seratan'' bzw. ,,nyerat'' bezeichnet wird. ,,Batik'' hat sich aber überall durchgesetzt.

Man scheint sich nicht darüber einig zu sein, ob es ,,der Batik'' oder ,,die Batik'' heißen muß. Auch der Duden gewährt beide

Formen. Ich habe mich für „die Batik" entschieden im Hinblick auf „die Arbeit", die hinter einem fertigen Stück steckt und nicht zuletzt deswegen, weil diese Arbeit eine Domäne der Frauen war.

Die heute gültige Rechtschreibung für indonesische Sprachen wurde 1972 der malaiischen Schreibweise angeglichen. Für die Aussprache gelten folgende Besonderheiten:

neue Schreibweise	alte Schreibweise = Aussprache (vor 1972)	Beispiel
c	tj	canting = tjanting
j	dj	banji = bandji
y	j	Yogyakarta

Verben werden oft mit Vor- und Nachsilben versehen. Die Vorsilbe „me-" bewirkt den transitionellen Charakter des Verbs und verändert manche Anlaute des Stammwortes.

So wird Anlaut

d	zu	(me)nd
b	zu	(me)mb
k	zu	(me)ng (außer bei k auch vor Vokalen)
t	zu	(me)n
p	zu	(me)m und
s und manche c	zu	(me)ny

Die javanische Form läßt das „me-" weg und benutzt nur den veränderten Anlaut evtl. mit vorgestelltem „a"; z. B.:

	indonesisch	javanische Form
Saren	menyareni	nyareni
Kerok	mengerok	ngerok
Tembok	menembok	nembok
Batik	membatik	(a)mbatik etc.

Dies mag reichen zum Studium weiterführender indonesischer Literatur.

Chemische Formeln und Reaktionen wurden nur der Vollständigkeit halber angeführt. Sie erklären die Gründe für bestimmte Arbeitsfolgen und die Zutaten bei den Färbeprozessen, auch derer mit Naturfarben. Die Benennung der Chemikalien ist nach den heute gültigen Regeln der chemischen Nomenklatur erfolgt. Pflanzen sind zusätzlich mit ihren botanischen Namen bezeichnet.

Viele Darstellungen sind bewußt kurz bzw. tabellarisch gehalten, denn der vorgesehene Umfang des Buches ließ es nicht zu, die einzelnen Kapitel weiter zu fassen. Der Verweis auf andere Literaturstellen und Quellen ermöglicht es, sich eingehender über spezielle Themen zu informieren. Im Stichwörterverzeichnis sind alle im Text vorkommenden Fachwörter und ihre Standorte im Buch aufgelistet.

Traditionelle javanische Batiken weisen meistens einen hochsymmetrischen Aufbau auf, dem i. a. wenig Aufmerksamkeit geschenkt wird. Mir als langjähriger Mitarbeiterin eines kristallographischen Instituts, dessen wissenschaftliche Arbeiten sich fast immer mit Fragen der Symmetrie beschäftigen, lag es nahe, die Systematik der Batiksymmetrien im Anhang dieses Buches zu behandeln. Sicher interessieren sie auch den einen oder anderen Leser. Mir ist natürlich klar, daß das Thema damit nur angetastet wird und verweise auf die Spezialliteratur. Die Lektüre dieses etwas abstrakten Kapitels ist für das Verständnis des übrigen Buches nicht erforderlich, kann aber zu einer ganz neuen Betrachtungsweise von Rapportmustern führen.

1.3. Was ist Batik?

Unter „Batik" versteht man heute weltweit eine Methode zur Stoffmusterung mit Wachsreserve. Fälschlich wird der Ausdruck auch für eine andere Reservierungstechnik der Textilfärberei benutzt, die landläufig als „Bindebatik" bekannt ist. Sie würde besser „Regenbogenfärberei" genannt, denn das Verfahren heißt auf Seide angewandt „Pelangi" und das bedeutet u. a. „Regenbogen" auf Java. „Batik" ist dagegen von „mbatik" = „mit Wachs zeichnen" abgeleitet. Ein anderer Ausdruck für Batik ist „serat" (hochjavanisch = schreiben). Die Silbe „tik" bedeutet „Punkt" oder „kleiner Tropfen", oder sie bezeichnet einen kurzen Laut, den z. B. ein Tropfen verursacht (vgl. „Nitik" = Punktmuster; „tritik" bzw. „taritik" = textile Reservierungstechnik, bei der der Stoff durch Nähen punktförmig zusammengezogen wird; kommt evtl. „taritik" von „tarik" = ziehen, zerren?).

Das Prinzip des Batikverfahrens ist: Der zu verzierende Stoff wird teilweise mit flüssigem Wachs abgedeckt und an eben diesen Stellen vor der wäßrigen Farbstofflösung geschützt.

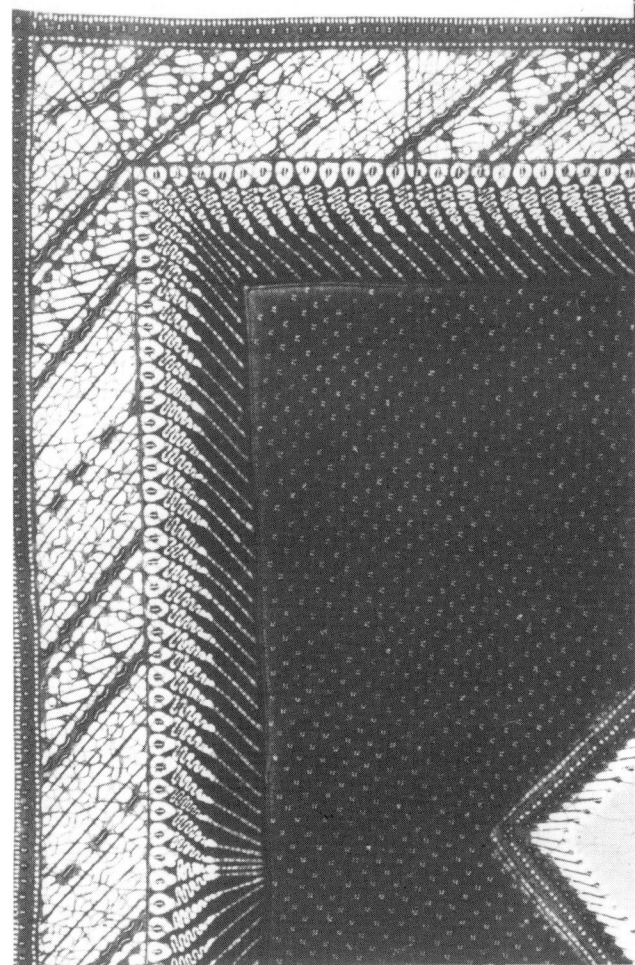

chen Schatz in Nara/Japan. Von diesen, im 8. Jahrh. n. Chr. entstandenen sog. „rokechi" weiß man aus Schriften, daß sie mittels Holzschablonen oder durch Handzeichnung mit Wachs hergestellt wurden. Man nimmt an, daß sie von China importiert waren oder von chinesischen Emigranten gemacht worden sind. Zwei häufig veröffentlichte Bilder von Tüchern dieser Sammlung (STEINMANN, 1958; NABHOLZ-KARTASCHOFF, 1970; und LARSEN, 1976) zeigen deutlich die Kennzeichen der Schablonenarbeit oder auch von Stempeln, mit deren Hilfe die Wachsreserve aufgetragen wurde. (Identische Blattformen auf verschiedenen Stoffen!)

Nach den neuesten Erkenntnissen ist der Ursprung der Batiktechnik im heutigen China zu suchen, von wo sowohl die Indonesier als auch andere Völker Hinter- und Vorderindiens um 2000 v. Chr. ausgewandert sind (WAGNER, 1959). Im Grenzgebiet Nordthailands, Nordvietnams und Südchinas werden noch immer von den dort ansässigen Miao Batikstoffe angefertigt. Das Wachs wird hier mit Stäbchen oder mit dreieckigen Eisentüllen aufgetragen, die sich nur für geradlinige Muster eignen.

Abb. 1: Teil eines Iket Kepala (Kopftuch für Männer) in drei Reservetechniken verziert: Batik (Rand und Rand des Mittelstücks), Tritik (dunkler Mittelteil, grün), Pelangi (Mitte, gelb); (M. = 1:5).

Der Ursprung der Batiktechnik ist ungeklärt; und es wird auch kaum möglich sein, ihn jemals zu erforschen, da das verwendete Material leicht vergänglich ist. Aus vielen Teilen der Welt liegen zwar antike Textilfragmente vor, die offensichtlich in Reserveverfahren hergestellt wurden, aber über die Reservemittel kann keine Aussage mehr gemacht werden.

Die einzigen alten Beispiele, bei denen eine Wachsreserve sicher belegt ist, sind seidene Wandschirme aus dem kaiserli-

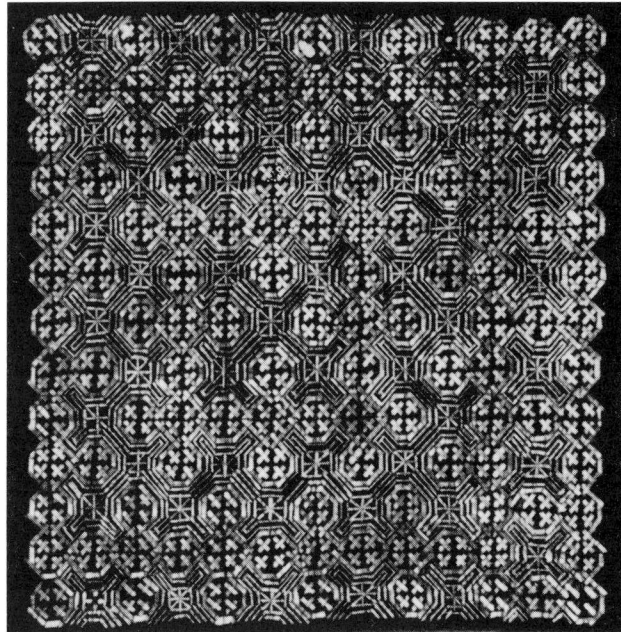

Abb. 2: Wachsreservetechnik der Miao aus Nordthailand; (M. = 1:5). Sammlung Koch-Münchmeyer.

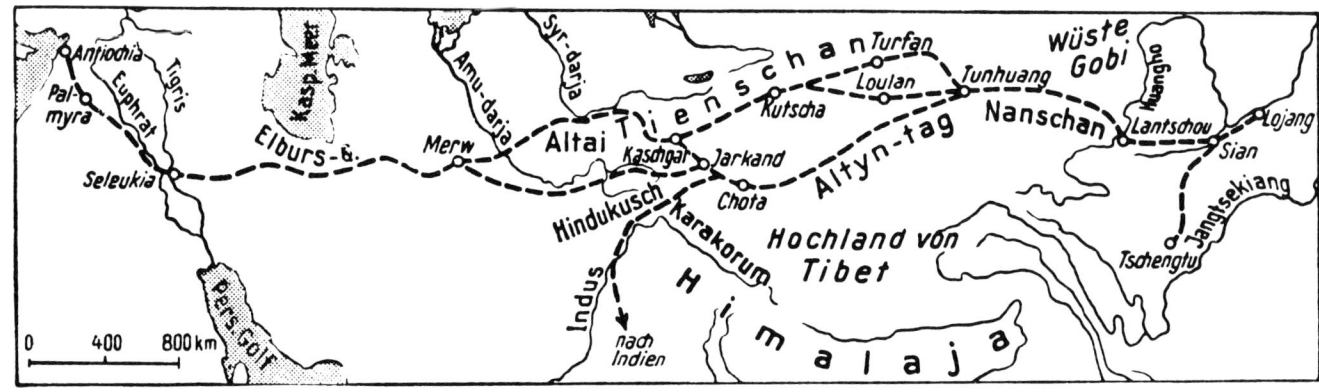

Abb. 3: Seidenstraße aus: Großer Brockhaus, 16. Aufl., Bd. X, 1956.

Es wird angenommen, daß die Chinesen die Technik von früheren Bewohnern übernahmen und sie nur vervollkommneten. Aus China selbst ist ein batikartiges Schablonierverfahren bekannt, das einen Brei aus Soyabohnenquark (Do-Fu; indonesisch „Tahu") und Kalk als Reserve verwendete. Es ist möglich, daß die „Kacang"-Batiken (Kacang = Bohne, Nuß), die früher in Jakarta üblich waren, auf dieses Verfahren zurückzuführen sind (s. 2.1.2.1. andere Reservemittel).

Ein weiteres Verfahren, das mit Batik verwandt ist, fand man an der Koromandelküste (Ostküste Vorderindiens), wo vielfarbige Stoffe durch Kombination von Wachsreserve und stellenweisem Malen mit Beizen (s. 2.1.3.2. Beizenfärberei) entstanden (LARSEN, 1976).

Auffallend ist, daß viele der Fundorte antiker Batikreste entlang der Seidenstraßen, diesen seit der Antike bekannten Handelswegen nach Europa, liegen, so z. B. in Turkestan, Kaukasien und Südindien. Seit dem 6. vorchristlichen Jahrhundert bestanden außerdem Schiffsverbindungen zwischen Ägypten und Indien, die eine Überlieferung der Technik – in welcher Richtung auch immer – möglich erscheinen läßt.

Neueren Datums sind die Batiken Afrikas und das Blaudruckverfahren in Europa, die man auch auf asiatische Einflüsse zurückführt (Informationen zur politischen Bildung 144, 1971).

Das Batikverfahren bzw. verwandte Techniken waren also weit verbreitet, aber nirgends sind sie zu ähnlicher Vollkommenheit entwickelt worden wie auf Java. Das mag daran liegen, daß Batik hier zu einer höfischen Kunst – neben Musik, Schattenspiel, Tanz und Schmiedekunst – erhoben wurde.

Hier wurden die Geräte zur Herstellung im Laufe der Zeit immer mehr verfeinert, und von hier aus wurde die Batiktechnik Ende des 19. Jhs. nach Europa getragen, wo sie unter den Künstlern des Jugendstils viele Anhänger fand.

Seit einigen Jahren erfreut sich Batik wieder steigender Beliebtheit in der westlichen Welt. Künstler beziehen sie in ihre Bildgestaltung ein, und in vielen Freizeitprogrammen ist sie schon fester Bestandteil.

2. Batikherstellung

2.1. Material und Geräte

2.1.1. Stoffe und Zuschnitte

Auf Java werden nach wie vor hauptsächlich Baumwollstoffe (Mori) zu Batiken verarbeitet. Man unterscheidet vier Hauptqualitäten: Primissima, Prima, Biru und Blaco oder Kasar. Neuere Qualitäten sind Voilissima (locker gewebter Feinbatist), Berkolin (mercerisiert) und Kanvas (Segeltuch), letzteres in großen Breiten bis 2,20 m.

Die Namen der Stoffqualitäten sind von den alten Bezeichnungen für holländische Importstoffe übernommen worden. Die gröberen Qualitäten „Biru" und „Blaco" werden heute größtenteils in Indonesien selbst hergestellt. Die feineren Stoffe „Primissima", „Prima" und „Voilissima" werden zwar heute auch schon in Indonesien gewebt, aber die dafür notwendige langfaserige Rohbaumwolle muß immer noch aus den USA importiert werden. Züchtungsversuche mit einheimischen Baumwollsorten werden noch Jahre in Anspruch nehmen, bevor mit einem befriedigenden Ergebnis zu rechnen ist. Die neuerdings erlassene Importbeschränkung für europäische Stoffe trifft besonders solche Betriebe, die sich auf feinste handgemalte Batiken spezialisiert haben. Stoffe von der Feinheit der Qualität „Primissima Cap Sen" aus Holland sind nicht mehr zu bekommen – denn die einheimische Industrie hat noch nicht die Erfahrung der einstigen europäischen Lieferanten – und das geht zu Lasten der feinen Zeichnung früherer Jahre.

Die Eigenschaften und Maße der am meisten verarbeiteten Baumwollstoffe und ihre Verwendung sind nachstehend in Tabelle 1 zusammengefaßt.

Diese Tabelle zeigt, daß für „tulis"-Batiken nur Stücke bis zu 4 m Länge gefertigt werden. Der Grund dafür ist die Schwierigkeit, die Wachsreserve über die lange Bearbeitungszeit (für 2,50 m mehrere Wochen bis über 1 Jahr) unversehrt zu erhalten.

Neben Baumwolle kommt neuerdings auch wieder Seide zur Verarbeitung. Früher war es an der chinesisch beeinflußten Nordküste Tradition, seidene Schultertücher (Selendangs Lokcan) herzustellen, die besonders gern von Chinesinnen getragen wurden. Das Rohmaterial, die Seide, kam aus China, und auch der Name „Lo can" oder „Lokcan" ist dem chinesischen Sprachenkreis entlehnt (Lo = blau, Can = Seide). Aus Seide wurden auch Batiksarongs (Köchertücher) nach den streng gehüteten Familienrezepten, die inzwischen verlorengegangen sind, gefertigt. Der Grund für den Verlust ist letztlich der zweite Weltkrieg, der auch Indonesien überflutete. Seide war praktisch nicht zu bekommen und kam aus der Mode. Die Rezepte gerieten in Vergessenheit. Heute weiß man nicht mehr, wie das Wachs aus der fertiggestellten Batik entfernt wurde. Eine chemische Reinigung ist zu kostenaufwendig und feuergefährlich. Durch Auskochen leidet die Seide so sehr, daß alle Arbeit umsonst war.

Das Batikforschungszentrum in Yogyakarta hat ein Verfahren zur Entfernung des Wachses aus Seide entwickelt, das aber noch einen Kompromiß darstellt: Die Seide wird in heißem Wasser geschwenkt, das pro Liter 2 ml Erdöl und 0,5 ml des Netzmittels „Teepol" enthält (Teepol von HOECHST Indonesia) (SUSANTO, 1973).

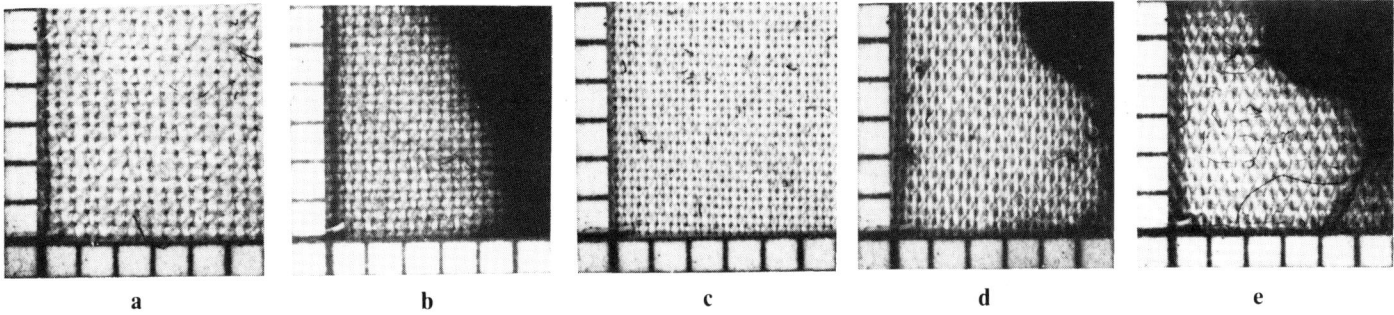

| a | b | c | d | e |

Abb. 4: Baumwollgewebe für Batikarbeiten in verschiedenen Qualitäten, a) Biru, b) Prima, c) Primissima, d) Voilissima, e) Berkolin (B. = merzerisiert); (M. = 5:1).

Tabelle 1: Eigenschaften und Handelsmaße der auf Java zu Batiken verarbeiteten Stoffe (Cambric, Mori)

Stoffart Charakteristik	Handelsmaß Breite m	Länge m	Fadendichte (Fäden/cm) Kette	Schuß	Fadenbeschaffenheit	Länge der Konfektionsstücke m	Verwendungszweck
Primissima feinster Baumwollstoff mit großer Fadendichte, Leinenbindung	± 1,05	± 33	42−50	40−48	langfaserige Importbaumwolle, glatte, gleichmäßige Fäden	1−3	1. feinste handgezeichnete ,,Batik tulis halus" für anspruchsvolle, traditionelle Kleidungsstücke der indonesischen Tracht wie ,,Kain", ,,Sarong", ,,Iket Kepala", ,,Kemben", ,,Selendang" etc. und feine Kleidercoupons
						2−3,50	2. handverzierte Stempelbatik ,,kombinasi cap/tulis" oder ,,granitan" für Kains und Sarongs (s. d.) und Kleidercoupons
						2−15,50	3. Stempelbatik ,,Batik cap" Meterware für besondere Ansprüche
Prima feiner Baumwollstoff mit erheblicher Fadendichte Leinenbindung	± 1,05	± 33	34−42	28−36	langfaserige Importbaumwolle, glatte, gleichmäßige Fäden	2−3	1. handgezeichnete (tulis) Kains und Sarongs etc. Kleidercoupons
						2−3	2. dto. gestempelt ,,cap"
						22	3. Meterware ,,Cap" für gehobene Ansprüche (Gardinen, Kleidung)
Biru Standard-Baumwollstoff mit guter Fadendichte Leinenbindung	± 1,05	± 15−44	26−34	24−28	kurzfaserige etwas rauhe Fäden	2−22	1. Meterware ,,Cap" oder Kain- und Sarong-Zuschnitte, Gardinen und Kleidung
						2−3	2. handgezeichnete (tulis) Kains in grober Zeichnung
Blaco oder Kasar ungebleichter Baumwollstoff, Nessel Leinenbindung	± 1,00	± 44	26−27	19−26	kurzfaserig, rauh	2− ±22	1. Batik cap, Meterware für einfache Kains und Sarongs und Dekostoffe
						2−4	2. ,,Batik tulis kasar" in sehr grober Zeichnung für exotische Dekostoffe, Röcke
Voilissima feiner, undurchsichtiger Baumwollbatist, Leinenbindung	1,10	± 40	40	33	langfaserige Importbaumwolle, glatte, gleichmäßige und feine Fäden	3− ±14	1. handgezeichnete (tulis)
							2. gestempelte (cap) Coupons und Meterware für Kleider, Schals etc.

Stoffart Charakteristik	Handelsmaß Breite m	Länge m	Fadendichte (Fäden/cm) Kette	Schuß	Fadenbeschaffenheit	Länge der Konfektionsstücke m	Verwendungszweck
Berkolin mercerisierter kräftiger BW-Stoff in sehr dichter Webart, Ripsbindung	0,92–1,10	± 40			langfaserige Importbaumwolle, glatte gleichmäßige Fäden (Kette und Schuß unterschiedlich stark); durch Mercerisierung erhaltener Glanz läßt die Farben kräftiger erscheinen.	3–15 m	1. handgezeichnete (tulis) Kleidercoupons 2. Meterware „cap" für Kleidung und Dekostoffe
Kanvas (engl. canvas = Segeltuch) dichter schwerer Baumwollstoff in Leinen- oder Köperbindung	1,35–2,20	±40	27	25	langfaserige Importbaumwolle	bis 22	1. Meterware „cap" für Gardinen- und Möbelstoffe 2. handgezeichnete Zuschnitte für große Wandbehänge, Bett- und Tischdecken, lange Röcke

2. 1. 2. Wachs (Lilin, Malam) und andere Reservierungsmittel

Die Beschaffenheit der Wachsmischung ist maßgeblich am Gelingen einer Batik beteiligt. Es ist deshalb nicht verwunderlich, daß jeder sein „Werksgeheimnis" hütet. Am Batikforschungsinstitut (Balai Penelitian Batik dan Kerajinan) in Yogyakarta laufen jedoch ständig Versuche mit Wachsmischungen unterschiedlichster Art, deren Ergebnisse der Öffentlichkeit zugänglich sind.

Eine gute Wachsmischung sollte folgende Eigenschaften haben:

1. gute Stoffhaftung
2. steile Erstarrungskurve (d. h. leichtfließend, aber sofort erstarrend beim Berühren des Stoffes; kein Breitlaufen auf dem Stoff)
3. Unempfindlichkeit gegenüber dem verwendeten Farbstoff
4. leichte Entfernbarkeit aus dem Stoff

Je nach Arbeitsfolge werden unterschiedliche Anforderungen an die Wachsmischung gestellt.

Eine „Batik tulis", die sehr lange in Arbeit ist, verlangt ein geschmeidigeres Wachs als eine „Batik cap", die an einem Tag gestempelt und gefärbt werden kann. Bei der „ngerok"-Methode, wo ein Teil der Reservierung mechanisch entfernt wird, verwendet man neben einem spröden Wachs ein sehr zähes, das die Abkratzprozedur übersteht (s. 2.2.1.). Zur Vermeidung oder evtl. zur Erzeugung von Krakelüren wählt man zähe bzw. brüchige Wachssorten.

Die Arbeitstemperatur ist sehr wichtig für das Gelingen einer guten Batik. Zu kaltes Wachs (Temperatur zu nah am Schmelzpunkt) deckt nicht richtig ab, die Farblösung dringt unter die Wachsschicht; zu heißes Wachs dringt in die Faser selbst ein und läßt sich kaum mehr entfernen. Überhitztes Wachs raucht, was bedeutet, daß es sich zersetzt. Es verliert dabei seine deckenden Eigenschaften und seine Dämpfe sind äußerst krebserregend. Das heiße Klima Javas bedingt das Arbeiten in offenen Räumen und verhindert vielleicht das häufigere Auftreten dieser Krankheit unter den Arbeitern.

Tabelle 2: Verwendung und Eigenschaften von Wachsen und Wachshilfsstoffen (Lilin Batik)

Wachsart	Schmelz-bereich	Kilo-preis 1979	empfindlich gegen	Stoffhaftung	Entfernung aus d. Stoff	besondere Eigenschaften	Verwendung
Bienenwachs = Malam kote, Lilin tawon	58–59° C	Rp. ± 2000		gut	einfach	geschmeidig je nach Herkunft	Batik tulis klowong Batik tulis tembok
Mikrowachs	70–75° C			gut, ähnlich Bienenwachs	nur im Gemisch möglich	allein nicht verwendbar	als Beimischung zur Stabilisierung des Bienenwachses bei alkalischer Färbung z. B. Naphthole, Anthrasole
Paraffin	55–56 °	400		schlecht	einfach	bricht leicht	Streckmittel, zur Erzeugung von Krakelüren
Damar = Mata kucing (Katzenauge)	82° C	500		sehr gut (rundet die Wachsoberfläche ab)	nur durch Kochen	beständig gegen Alkali, schnell erhärtend	für feine Zeichnungen und höchste Anforderungen (Batik tulis)
Harz (Kolophonium) = Gondorukem	70–80° C	400	Alkali Überhitzung	sehr gut	nur durch Kochen	fließt leicht, erhärtet langsam zäh	alle Wachsgänge, besonders tembok
Erdnuß- oder Kokosöl bzw. -fett = Minyak kelapa	20–35° C		Überhitzung		einfach	Flußmittel	Beimischung zwecks leichterer Entfernung aus dem Stoff durch Kochen
Rindertalg (lemak, Kendal)	50° C		Überhitzung		einfach	Flußmittel	s. Kokosöl
Recyclingwachs nach der Reinigung (lilin bekas, lilin lorodan)	70–80° C				nur durch Kochen	verharzt	tembok, biron

2.1.2.1. Die Bestandteile der Wachsmischungen und ihre Eigenschaften

Bienenwachs (Malam kote = lilin tawon, malam lanceng; lanceng = Wachs einer kleinen einheimischen Bienenart) Schmelzpunkt = 60° C.
Die geeignetsten Wachssorten kommen aus Ostindonesien (Kleine Sundainseln) und Südsumatra.

Bienenwachs fließt leicht, ist elastisch und haftet gut am Stoff. Es ist relativ unempfindlich gegen Alkali und Überhitzung und läßt sich leicht durch heißes Wasser aus dem Stoff entfernen. Es ist Bestandteil aller guten Wachsmischungen für „Batik tulis" sein Anteil ist besonders hoch in Klowongmischungen, das vor dem Indigobad (alkalisch) aufgetragen wird. Wegen seines hohen Preises wird es teilweise durch Paraffin und „Damar"-Harz ersetzt.

Mikrowachs (Industrieerzeugnis) Schmelzpunkt 70–74° C.
Mikrowachs haftet sehr gut am Stoff, es läßt sich aber nur als Beimischung aus dem Stoff entfernen. Es ist resistent gegen Alkali und ersetzt Bienenwachs in Tembokmischungen.

Damar-Harz (Mata kucing = Katzenauge) Schmelzpunkt 82° C
Mata kucing (Harz von Shorea javanica) ist sehr hoch schmelzend und hat eine steile Abkühlungskurve. Es ist unempfindlich gegen Alkali. Die Wachsoberfläche wird abgerundet und schließt den Stoff gut ab. Es findet für Wachsmischungen Verwendung, mit denen dünne Linien und scharfe Konturen ausgeführt werden sollen.

Gondorukem (Kolophonium) Schmelzpunkt 70–80° C
Gondorukem ist das Harz von Pinus mercusii, dem die Terpene durch Wasserdampfdestillation (Extraktionsverf.) entzogen werden. Gute Qualitäten sind hell und durchsichtig. Der Schmelzbereich ist groß (± 10°). Das bedeutet langsame Verflüssigung bzw. Erstarrung. Im erstarrten Zustand bricht es leicht, aber in Verbindung mit anderen Zutaten entstehen gut haftende, harte Wachsmischungen, die sehr widerstandsfähig gegen mechanische Belastung (ngerok) sind.

Paraffin, Schmelzpunkt 55–56° C, je nach Fabrikat bis 75° C
Paraffin ist unempfindlich gegen Alkali und Überhitzung, aber es haftet schlecht am Stoff und bricht leicht. Letztere Eigen-

Tabelle 3: Einige Beispiele für Wachsmischungen (Bestandteile in kg) (Sri Soedewi Samsi, 1978)

Verwendung	Recycl.	Gondor.	Paraff.	Mikrow.	Mata kucing	Bienen-wachs	Talg	Pflanzen-öle (Liter)	Bemerkungen
Klowong tulis	–	1	1	–	–	1	0,1	–	
Klowong tulis	–	1	1	–	0,25	1	–	–	
Klowong cap	–	0,5	1	–	–	–	–	–	
Klowong cap	–	1	1	–	–	–	0,1	–	
Tembok tulis	8	3	1,5	3	2	–	1,5	–	
Tembok tulis	16	10	3	–	3	2	3 od. 1,8		
Tembok cap	8	3	–	–	0,5	–	0,5		
Tembok tulis	–	1,5	1	–	1	1	0,1		
Biron tulis	10	2	–	–	–	–	–	–	
Proses lorodan tulis	8	4	1	3	–	–	–	1,1	
Tutupan/ Popokan (Hintergrund)	8	3	2	1,5	–	–	–	1,1	
Proses lorodan cap	8	4	3	–	–	–	–	1,35	

schaft wird ausgenutzt, um Brucheffekte zu erzeugen. Wegen seines niedrigen Preises wird es allen Wachsmischungen zugesetzt. Seine Mängel (Brüche) können durch andere Zusätze kompensiert werden.

Erdnuß- oder Kokosöl (Minyak kacang oder M. kelapa)
Schmelzpunkt 20–35° C
Diese Pflanzenfette werden als Flußmittel zum Einstellen des gewünschten Schmelpunktes zugesetzt. Sie sind empfindlich gegen Überhitzung (Verharzung).

Rindertalg (Lemak, Kendal, Gajih binatang) Schmelzpunkt 50° C
Ebenso wie die Pflanzenöle ist Rinderfett empfindlich gegen Überhitzung. Es wird zur Schmelzpunkterniedrigung beigemischt.

Lilin bekas (Rückgewonnenes Wachs; „bekas" = gebraucht)
Der Anteil an rückgewonnenem Wachs ist in billigen Wachssorten am höchsten. In Klowongmischungen fehlt es oft ganz; den Tembokmischungen gibt es erhöhte Zähigkeit, und das Bironwachs zum Abdecken vor dem letzten Farbbad besteht fast nur aus „Lilin bekas". (SAMSI, 1978; SUSANTO, 1973).

2.1.2.2. Das Mischen von Wachs und einige Beispiele (SUSANTO, 1973)

Der Bestandteil mit dem höchsten Schmelzpunkt (meistens Mata kucing) wird zunächst vollständig geschmolzen, bis die nächste, niedrigerschmelzende Zutat zugegeben wird. usw.

Die Reihenfolge der Zugabe:

1. Mata Kucing	4. Bienenwachs
2. Gondorukem	5. Talg
3. Paraffin	6. Pflanzenöle

Die fertige Schmelze wird unter Rühren noch einige Minuten erhitzt und durch ein Tuch in Formen gegossen.

2.1.2.3. Einstellung bzw. Berechnung des Schmelzpunktes (Fp) der Mischung

Der ungefähre Schmelzpunkt der fertigen Mischung kann nach einer einfachen Faustformel folgendermaßen berechnet werden:

$$Fp_{Mischung} = 0,75 \times \frac{(Fp_A \times Menge\ A) + (Fp_B \times Menge\ B) + ...}{Menge\ A + Menge\ B + ...}$$

(Mengen in Gramm)

z. B. Der Schmelzpunkt einer Mischung aus

500 g Bienenwachs (60° C)
1000 g Paraffin (60° C)
500 g Gondorukem (80° C)
125 g Talg (45° C) ist zu berechnen.

500 g × 60° =	30000 g X°	500 g
1000 g × 60° =	60000 g	1000 g
500 g × 80° =	40000 g	500 g
125 g × 45° =	5625 g	125 g
	135625 (g X°)	2125 (g)

$$Fp = 0,75 \frac{135625\ [g] \times [°]}{2125\ [G]} = 47,87°$$

2.1.2.4. Andere Reservierungsmittel

In abgelegenen Gegenden Westjavas war es bis vor einigen Jahren üblich, grobe, handgewebte Baumwollstoffe mit einem Stärkekleister von „Ketan" (Klebreis) zu bemalen. Beim anschließenden Färben mit Mengkudu blieb der Stoff unter dem Stärkebrei ungefärbt. Als Malwerkzeug dienten Teile von Palmblättern und Stöckchen. Die Zeichnungen waren einfache, geometrische Figuren und stilisierte Tiere. Stoffe dieser Art sind als „Kain simbut" oder „K. Selimbut" bekannt. Bis vor kurzem wurden auf diese Weise Batiken aufgearbeitet, in denen das Rot verblaßt war. Die Reserve wurde mit Wasser herausgelöst.

Mit einem anderen batikähnlichen Verfahren wurden die sog. „Kain kacang" in Jakarta hergestellt. Als Reservierung diente eine Mischung aus gemahlenen Erdnüssen (kacang = Nuß) oder Soyabohnen mit Kalkwasser. Mit Hilfe von lackierten Papierschablonen wurde dieser Brei auf beide Seiten des Stoffes gestrichen. Die ölhaltige Reservepaste deckte den Stoff während des Färbens gut ab und konnte nach dem Trocknen abgerieben und ausgewaschen werden. Die Verwandtschaft mit den indigogefärbten Do-Fu-Stoffen Chinas ist unverkennbar. (ROUFFAER, 1914; STEINMANN, 1947).

2.1.3. Farbstoffe und Färbemethoden

Der Textilfärberei von heute steht eine Riesenauswahl an Farbstoffen zur Verfügung, die es ermöglichen, jeden gewünschten Farbton mehr oder weniger dauerhaft auf den Stoff zu bringen. Aber nicht jeder Farbstoff ist für jeden Stoff geeignet; zumindest die Färbeverfahren sind bei unterschiedlichen Stoffen voneinander abweichend. Grund dafür ist der chemische Charakter der verschiedenen Fasern. Sie können sauer, basisch oder neutral reagieren.

Tierische Fasern (Wolle, Seide) sind eiweißverwandte Substanzen, deren basische und saure Gruppen die Anlagerung saurer bzw. basischer Farbstoffe erlauben. Natürliche Pflanzenfasern wie Leinen, Baumwolle oder Nessel bestehen größtenteils aus Zellulose, die neutral reagiert. Sie lassen sich deshalb nicht direkt dauerhaft anfärben, da bei dieser Färbemethode nur eine sehr lose Bindung zwischen Farbstoff und Faser über sogenannte Wasserstoffbrücken entsteht. Solche „substantiven", direkt aufziehenden Farbstoffe wie das Kongorot (Synthese von Böttiger 1884) oder der Farbstoff aus Heidelbeersaft waschen sich mit der Zeit wieder aus. Erst in neuerer Zeit gelang es, Farbstoffe zu entwickeln, die mit den Hydroxylgruppen (-OH) der Zellulose stabile chemische Bindungen eingehen (z. B. REMAZOL von HOECHST, 1957). (SUSANTO, S. 143–149). Bis dahin war eine dauerhafte Färbung von Baumwolle nur möglich, indem durch chemische Reaktion **in** den Faserzwischenräumen (interfibrillär) eine farbige, schwerlösliche Verbindung erzeugt wurde.

Das konnte auf folgende Arten erreicht werden:

1. Oxidation eines durch Reduktion gelösten Farbstoffs (Küpenfärberei, z. B. Indigo, antiker Purpur, Indanthrenblau, Anthrasole).

2. Bildung eines festen Farbstoffes aus 2 Lösungen (Beizenfärberei, Farblacke, Entwicklung, z. B. Alizarin, Naphtole, Krapp).

Das Batikverfahren bedingt, daß der Farbstoff kalt aufziehen muß, da sonst das Reservierungsmittel Wachs schmelzen würde. Dadurch ist die Zahl der brauchbaren Farbstoffe erheblich eingeschränkt.

Kaltfärbende Küpen- und Beizenfarbstoffe erfüllen diese Bedingungen und werden nach uralten Rezepten eingesetzt. Wenn auch heute die Pflanzenrohstoffe weitgehend von ihren synthetischen Nachahmungen abgelöst worden sind, so sind doch die Reaktionsmechanismen dieselben geblieben; und da bei der klassischen Batikherstellung hauptsächlich die beiden oben genannten Färbemethoden praktiziert werden, soll hier das Prinzip beschrieben werden.

Im Gegensatz dazu haben sich Reaktivfarbstoffe (z. B. REMAZOL) bei der klassischen Batikherstellung noch nicht voll durchgesetzt, weil die Fixierung auf der Faser eine Zeitreaktion ist; der mit der Farbstofflösung getränkte Stoff muß mindestens 12 Stunden gleichmäßig feucht gehalten werden. Man erreicht das durch eine Beschichtung mit Wasserglas (gelöstes Natriumpolysilikat $Na_2O \cdot (SiO_2)_x \cdot H_2O$), das außerdem das zur Reaktion erforderliche alkalische Medium erzeugt (Alkali aktiviert die Hydroxylgruppen der Zellulose). Bei der Herstellung von Batik**bildern** findet dieser Farbstofftyp jedoch weitgehend Verwendung, nicht zuletzt wegen der unbegrenzten Mischbarkeit der Farben. (LEHMANN, 1977).

Ein sehr wichtiger Faktor bei allen Färbevorgängen ist die Qualität des Wassers, d. h. seine Zusammensetzung bzw. der Mineralgehalt. Schon geringfügige Änderungen des Mineralanteils und des pH-Werts (Basizität bzw. Säuregrad) führen vor allem bei Beizenfarbstoffen wie z. B. Soga zu abweichenden Ergebnissen. Der Färber versucht daher, konstante Bedingungen einzustellen.

Die Industrieprodukte garantieren gleichbleibende Qualität, aber auch bei ihrer Verarbeitung ist der Erfolg von der Einhaltung der Arbeitsvorschrift abhängig. Bei Naturprodukten kommt als weiterer Unsicherheitsfaktor der wechselnde Anteil der Färbesubstanzen hinzu. Welch wesentliche Rolle gerade die Beschaffenheit des Wassers beim Färben spielt, verdeutlicht das Kuriosum der „Batik Tiga Negeri" und „Dua Negeri" (3-Länder- bzw. 2-Länder-Batik). Solche Batiken wurden für die verschiedenen Färbegänge und die dazugehörigen Füllzeichnungen „Isen" von Ort zu Ort geschickt, um optimale Färbeergebnisse zu erhalten. Pekalongan und Lasem waren bekannt für ihr schönes Rot, Solo für Sogabraun. (s. a. 4. 2. „Pasisiran").

Der Name „Küpe" soll durch Abwandlung des Ausdrucks „Kübel" entstanden sein.

Küpenfarbstoffe selbst sind in Wasser praktisch unlöslich. Ihre reduzierte, oft farblose Form, die Leukobase, ist jedoch löslich. (Reduktion = Anlagerung von Wasserstoff bzw. Abnahme der positiven Atomladung).

Tränkt man nun Zellulosefasern mit dieser Lösung, dann fällt durch Oxidation in den Hohlräumen der Faser (zwischen den Fibrillen) der Farbstoff aus (Oxidation der Leukobase zu Indigo – z. B. durch Luftsauerstoff) und wird von den Faserteilen eingeschlossen. Daraus erklärt sich die hohe Echtheit der meisten Küpenfarbstoffe. Es gibt in dieser Färbegruppe drei allgemein bekannte Beispiele:

Purpur aus der Purpurschnecke (Murex trunculus), *Indigo* (Nila) aus Pflanzen wie Indigofera tinct. (Jav. = „tarum"), (I. arrecta, I. sumatrana, I. guatemalensis) und Färberwaid (Isatis tinct.) und das *synthetische Indanthrenblau.*

Auch Purpur und Indigo sind schon synthetisiert worden. Beide Farbstoffe unterscheiden sich nur darin, daß der Purpur Brom enthält; ihre Struktur ist sehr ähnlich.

Indigo   Purpur

An Purpur, der in der Antike höher als Gold geschätzt wurde, ist heute niemand mehr interessiert, aber der Indigo wird noch so viel verwendet, daß der Bedarf nur zu einem Bruchteil mit dem Pflanzenerzeugnis gedeckt werden könnte, falls der Anbau noch intensiv betrieben würde.

Der Arbeitsaufwand bei seiner Gewinnung ist jedoch gegenüber dem bei der Synthese so groß, daß sein Anbau nicht mehr lohnend ist. Nach unzähligen Versuchen und manchen Fehlschlägen kamen 1897 HOECHST und BASF gleichzeitig mit synthetischem Indigo auf den Markt, dessen Preis von den Plantagen in Indien nicht gehalten werden konnte. (1878 war A. von BAEYER die erste Indigosynthese gelungen, die aber nicht wirtschaftlich war.) (VOGT, 1973).

Einige hundert Jahre zuvor (um 1630) hatte der Massenimport des farbstoffreicheren indischen Indigos den Anbau von Färberwaid (Isatis tinct.) in Mitteleuropa (z. B. Thüringen) unrentabel gemacht.

Vereinzelt wird Indigo heute noch angebaut. In einigen von Industrie und Tourismus unberührten Gegenden Javas ist Zeit reichlicher als Geld vorhanden; dort konnte man 1980 noch Batiken finden, die mit selbsterzeugtem Indigo gefärbt waren. (s. 4.4. Provenienzen; Ostjava).

Der Indigo (jav. „nila") liegt in der Pflanze als wasserlösliches Glukosid (an Zucker gebunden) vor.

Zur Gewinnung des Farbstoffs werden die zerkleinerten Blätter und Stengel in Erdgruben mit Wasser vergoren. In 12−15 Stunden wird das Glukosid INDICAN durch Enzyme in Glukose (Zucker) und INDOXYL gespalten, das sofort an Luft zu INDIGO oxidiert wird. Der feste blaue Farbstoff sammelt sich am Boden der Grube. Er wird durch Schlämmen von Blättern gereinigt und getrocknet. Neben Indigoblau enthält das Rohprodukt noch das rote Indigrubin, das aber bei der Verküpung zum größten Teil in Indigoblau umgewandelt wird. Bei der Synthese entstehen ebenso Indigoblau und Indigorot im selben Verhältnis nebeneinander; der Rotanteil kann durch Alkohol herausgelöst werden.

Indican   Indoxyl + Zucker   Indigo
farblos   farblos   farbig
wasserlöslich   wasserlöslich   schwerlöslich in Wasser

Zur Herstellung der Küpe, die den Indigo als Leukobase gelöst enthält, wird einer Aufschlämmung des festen Farbstoffs Alkali in Form von Ätzkalk (CaO= gebrannter Kalk) und Melasse (Zuckersirup) als Reduktionsmittel zugesetzt. Sowohl Kalk als auch Melasse waren auf Java immer leicht zu haben. Andere Reduktionsmittel sind teuer (Zinkstaub und Eisenvitriol) (= $FeSO_4 \cdot 5H_2O$) oder erfordern eine stark alkalische Lösung z. B. Na-Hydrosulfit ($Na_2S_2O_4$), die das Wachs angreift. Trotzdem kommen solche Reduktionsmittel heute zur Anwendung; die Wachsmischung wird ggf. auf den Alkaligehalt der Färbelösung eingestellt (s. Wachsmischungen, 2.1.2.)

Neben synthetischen Farbpulvern sind hauptsächlich Pasten aus gebrauchsfertigem, reduziertem Indigweiß (Leukobase) in Gebrauch, die den Vorteil bieten, daß sie sich leicht lösen.

Zum Verküpen von 1 Teil Indigopaste 50% sind entweder 3−4 Teile Melasse und 3−4 Teile Kalk oder 2−3 Teile Eisenvitriol + 3−4 Teile Kalk oder 1 Teil Zinkstaub + 3−4 Teile Kalk notwendig (KERTSCHER 1952, SUSANTO 1973). Kalk und Reduktionsmittel werden getrennt angeteigt und in einer größeren Menge Wasser vermischt (so viel, daß die fertige Lösung später ca. 2 Gramm Indigo pro Liter enthält; also 200 Gramm in 100 Liter Wasser). Erst am nächsten Tag wird die entsprechende Menge Indigweiß in heißem Wasser gelöst und zu der Mischung Kalk/Reduktionsmittel gegeben. Die anfangs grüne Lösung ist gebrauchsfertig, wenn die Farbe nach gelb umgeschlagen ist.

Das lange Stehen der Kalk/Reduktionsmittel-Mischung bezweckt die Bindung des im Wasser vorhandenen Sauerstoffs vor Zugabe des sauerstoffempfindlichen Farbstoffs.

Leukobase (Indigweiß)   Indigo

Gefärbt (jav. „diwedel" von „wedel", medel" oder „nilai" = „blau färben") wird in großen Betrieben in sog. „Jeding" oder „Kolam", Tauchbecken von mehreren tausend Litern Inhalt. Die Batiken sind dabei an einem Holzrahmen befestigt, der mit Flaschenzügen gehoben und gesenkt wird. In kleineren Betrieben wird in „Jambangan", großen Ton- oder Steinbecken, gefärbt. Sie haben den Nachteil, daß das Wachs an den unvermeidlichen Faltstellen bricht. Ein Stück wird bis zu 30mal abwechselnd getaucht und an Luft getrocknet und dabei oxidiert. Pflanzlicher und synthetischer Indigo werden gleich verarbeitet.

Indigo gilt seit Jahrtausenden als besonders beständiger Farbstoff gegenüber Licht und Wasser. Diese Echtheit wird jedoch noch übertroffen von modernen Synthesestoffen, von Indigosolen und von Anthrasolen, die sich vom Anthracen ableiten.

Anthracen   Anthrachinon   Amino-anthrachinon

Indigosole, Anthrasole

Unter der Bezeichnung „löslicher Indigo" ist die sulfonierte Form des Indigo bekannt. Sie läuft mit verschiedenen anderen Farbstoffen des Indigo- oder des Anthrachinontyps unter einer Handelsbezeichnung wie INDIGOSOL, ANTHRASOL o. ä. Ihre Handhabung ist einfacher, weil die Verküpung entfällt. Die Farbstofflösung ist nicht sauerstoffempfindlich. So entsteht der Farbstoff nicht durch Oxidation an Luft, sondern durch Behandlung mit Oxidationsmitteln im sauren Medium, z. B. Natriumnitrit ($NaNO_2$) und Schwefelsäure. Der entstandene blaue Farbstoff ist mit dem durch Verküpung und Luftoxidation erzeugten identisch.

Die Reihe dieser indigoiden Farbstoffe umfaßt eine Palette von Gelb-, Braun-, Blau-, Grün- und Rottönen, die durch unterschiedliche Substitution (Ersatz der Wasserstoffatome am Benzolring z. B. durch Brom o. a.) entsteht. Vgl. Indigo und Purpur. Indigosole und Anthrasole finden seit etwa 1950 in der Batikindustrie Pekalongans Verwendung; sie eignen sich besonders gut für „Batik coletan" (Ausmalen einzelner Motive, ohne das ganze Stück zu färben).

Indigosol   Indigo

2.1.3.2. Beizenfärberei, Entwicklungsfärberei

Der Ausdruck „Beizen" kommt von mittelhochdeutsch „bei-ßen", „festhalten" (vgl. Beizjagd). Färberbeizen werden auf die Faser gebracht, um den Farbstoff festzuhalten. Das Prinzip der Beizenfärberei: Zwei leicht lösliche Substanzen (Beize und Farbstoff) werden nacheinander auf die Faser gebracht und bilden in deren Zwischenräumen ein schwerlösliches farbiges Salz bzw. einen sog. „Farblack", der von den Faserteilen eingeschlossen wird. (Die Farbpigmentteile sind größer als die Poren.)

Das bekannteste und älteste Beispiel für diese Färbeart ist die Alizarin- oder Türkischrot-Färberei. Das natürliche Alizarin kommt als Glukosid (an Zucker gebunden) in der Krappflanze (Rubia tinct., arab. = „al izari") vor. Beim Färben werden die Fasern zuerst mit sulfoniertem Rizinusöl (mit rauchender Schwefelsäure behandelt; dadurch Einführung reaktionsfähiger SO_3H-Gruppen) getränkt. Diese Verbindung, das Türkischrotöl oder TRO, ersetzt das früher gebräuchliche ranzige Palmöl, das weniger sauer reagiert und dadurch die Färbereaktion verlangsamt (s. auch 2.2.). Nach dem Trocknen der geölten Fasern werden sie in eine Aluminiumsalzlösung, z. B. Alaun, $KAl(SO_4)_2 \cdot 12H_2O$, gelegt, wobei das Aluminium mit dem sulfonierten, bzw. ranzigen Öl Salze bildet. Reste der Ölsäure werden durch Schlämmkreide $(Ca(OH)_2)$ neutralisiert. Die so gebeizten Fasern werden mit in Wasser fein verteiltem Alizarin gekocht. Das Kalzium (Ca) tritt mit in die Reaktion ein und macht den Farbton besonders leuchtend. Von anderen Metallbeizen werden verschiedene Farbtöne erzeugt, z. B. ergibt Eisen violett, Chrom rotbraun etc.

Die Methode ist in dieser Form für die Batikherstellung nicht zu verwenden, aber ein dem Alizarin ähnlicher Farbstoff, das „Mengkudurot" (Morindin) hatte in der Batikfärberei früher große Bedeutung. Es wird aus Wurzel und Rinde des „Pacebaumes" (Morinda citrifolia), einer Rubiaceaeart gewonnen. Auch seine Struktur ist bekannt; es unterscheidet sich vom Alizarin nur durch die Anwesenheit einer zusätzlichen OH- und einer CH_3-Gruppe. Beide leiten sich vom Anthracen ab.

Alizarin
(1,2 Di-oxy-Anthrachinon)

Morindin
(1,5,6 Tri-oxy-2Methyl-Anthrachinon)

Bei der Verarbeitung von Mengkudu wird der geölte Stoff nur scheinbar nicht gebeizt, sondern nach Aufbringen der Wachsreserve mit einem Brei aus Mengkudu und pulverisierten Blättern von „Sasah" (Aporoso fructesceus) oder Wurzelrinde von „Jirak" (Symplocos fasciculata Zoll.) eingerieben. Schon nach kurzer Zeit beginnt der Stoff, sich rot zu färben. Die Chemiker standen zunächst vor einem Rätsel, denn ohne Aluminium entsteht keine farbige Verbindung. Dann entdeckte man, daß Jirak und Sasah sehr viel Aluminium in Form von organischen Salzen (Oxalate, Tartrate) enthält, das bei dem Prozeß langsam freigesetzt wird und nach und nach mit dem Mengkudu reagiert. Die Reaktion ist nach etwa 2 Tagen abgeschlossen und wird ggf. so lange wiederholt, bis der gewünschte Rotton erreicht ist. Auch hier wird Kalkwasser verwendet (wie beim Alizarin), falls das Wasser nicht schon hart genug ist.

Heute wird anstatt von Mengkudu fast nur noch synthetisches Alizarin, das mit Jirak und Wasser zu einem flüssigen Brei angerührt ist, verwendet. Die Verarbeitung ist genau dieselbe wie bei Mengkudu: Eine Mischung aus 300 g synthet. Alizarinteig 20% und 600 g Jirak (gemahlen) in 7−8 Liter Wasser reichen zum Färben von 20 Kains (1 Kodi ca. 50 m Stoff). Das Ergebnis ist hellrot; für ein dunkles Rot muß noch einmal mit derselben Menge nachgefärbt werden, nachdem die Batiken 2 Tage gelagert waren. Für die zweite Einreibung wird die Alizarin/Jirak-Mischung mit Pottasche (K_2CO_3) oder Soda (Na_2CO_3) versetzt, bis die Lösung violett ist. Bei billigen Stoffen wird statt Jirak einfach Alaun verwendet, aber die Färbungen sind weniger echt, weil die Reaktion zu schnell abläuft, bevor die Faser benetzt ist. Die Qualität einer Mengkudu/Alizarinfärbung ist stark abhängig von der gründlichen Ölung des Stoffes. Einfacher ist das Rotfärben unter Verwendung von Naphthol AS Farbstoffen.

2.1.3.3. Naphtholfärberei

Wegen der großen Bedeutung der Naphthole für die moderne Batikindustrie soll an dieser Stelle die Färbemethode erläutert werden.

Der Farbstoff entsteht wie bei den Beizenfarbstoffen aus zwei löslichen Komponenten direkt auf bzw. in der Faser. Als „Beize" fungieren hier die sog. „Echtfarbsalze". Es handelt sich um Azoverbindungen (-N=N-, Stickstoffverbindungen), die mit Naphtholen (Naphthalinabkömmlinge) unlösliche farbige Verbindungen bilden. Diesen Vorgang nennt man auch „Kuppeln".

Gefärbt und gebeizt oder gekuppelt wird in „Kerekans", muldenartigen Trögen, deren Länge der Stoffbreite entspricht.

20

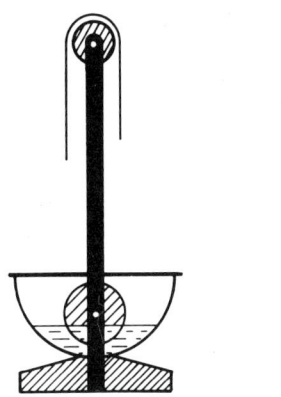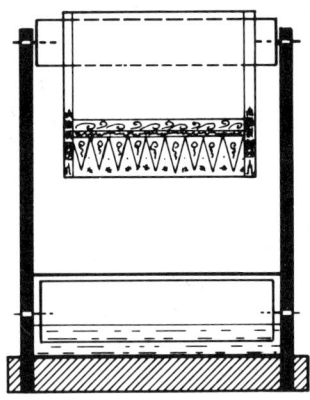

Abb. 5: ,,Kerekan'' (Färbebecken für Entwicklungsfärberei), schematisch.

Partienweise wird der Stoff zunächst durch die stark alkalische Naphthollösung gearbeitet und über dem Bad zum Abtropfen aufgehängt. Eine Rolle am Boden der Mulde erleichtert das knitterfreie Durchziehen der Stoffbahn durch die Farbflotte. Der Stoff darf nicht zu lange in der stark alkalischen Lösung verweilen, da die Wachsreserve angegriffen werden könnte.

Nach kurzem Abtropfen werden die noch feuchten Stoffe in saurer Echtfarbsalzlösung entwickelt. Das vom Färbebad eingeschleppte Alkali und Naphthol verunreinigt das saure Entwicklungsbad (Kuppelbad) sehr schnell, deshalb arbeitet man mit kleinen Mengen Lösung, die oft erneuert werden. Das stellenweise Auftragen verschiedener Salzlösungen vor dem Naphtholbad läßt mehrere Farben gleichzeitig entstehen (z. B. mit Naphthol AS-TR erfaßt man bei der Wahl entsprechender Echtsalze eine Farbskala von goldgelb über rot, violett bis blau) (Lehmann, 1977).

Rapidecht-Farbstoffe bilden eine Untergruppe der Naphthol AS-Farbstoffe. Hierbei handelt es sich um fertige Mischungen aus beiden Komponenten, die entweder durch Säure oder durch Lichteinwirkung zum Kuppeln gebracht werden können. Meist verwendet man sie zum Ausmalen (Coletan).

Ähnlich wie die Naphtholfärberei ist das Färben mit Kupplungssogas. Diese sind meist braune, substantive Farbstoffe, die durch Ankuppeln mit Echtfarbsalzen den endgültigen Farbton und hohe Echtheit erlangen. Kupplungssoga ist für die Batikindustrie von großer Bedeutung, denn Braun ist neben Blau der wichtigste Farbton für traditionelle Batiken, und der Färbeprozeß mit Natursoga ist recht aufwendig und das Ergebnis weniger haltbar.

2.1.3.4. Sogafärberei

Ein brauner Farbstoff ist für Java besonders typisch, die Soga. Die Rohstoffe werden von Rinden und Holz einiger einheimischer Bäume geliefert.

Die wichtigsten Bestandteile sind

> *Tingirinde* (Ceriops Candolleana Arn.),
> *Soga Jambalrinde* (Peltophorum pterocarpum Backer, einer Caesalpiniaceae) sowie
> *Tegeranholz* (Gelbholz = Moraceae). = Cudrania Javanensis

Die Rinden und Hölzer werden zerkleinert und durch Kochen mit Wasser 2–3 mal ausgelaugt. 15 kg Rohmaterial ergeben ca. 500 l Färbelösung. In dieser Lösung wird der Stoff bis zu 30mal mit Zwischentrocknung gefärbt. Anschließend wird er mit Kalkwasser gespült (fixiert). Danach wird mit einer Mischung bzw. Abkochung von Farbhölzern, Borax, Alaun, Zucker, Zitronensaft und ,,Sari kuning''-Blüten (Sophora japonica) nachbehandelt; was man mit ,,Sareni'' bezeichnet. Manchmal wird auch noch ,,Blendok trembalo'', die Ausscheidung der Schildlaus Tachardia lacc. Kerr., zugesetzt, dessen Farbstoff ,,Carminsäure'' mit Alaun ausgefällt wird.

Der Stoff bleibt über Nacht mit Saren getränkt liegen, wird dann wieder mit Kalkwasser fixiert und nach dem Spülen abgekocht. (Soga ist immer bzw. meistens die letzte Färbung). (Ausnahmen s. ,,andere Verfahren'' 2.2.2.).

Wie man sieht, hat man mit Natursoga keinen einheitlichen Farbstoff vorliegen, sondern einen ganzen Katalog von Farbstoffen mit unterschiedlichen chemischen und färbenden Eigenschaften. Durch Variation der Zutaten können mit Soga Färbungen einer ganzen Braunskala von Gelbbraun bis Rotbraun erreicht werden. Die Färbemethoden beruhen auf jahrhundertelanger Erfahrung bzw. Überlieferung.

Viele der in Soga enthaltenen Farbstoffe färben entsprechend den Beizenfarbstoffen. Das verrät die Anwesenheit von Alaun im ,,Saren'' (Kertscher, 1952).

Eines von vielen alten Rezepten, das zum Färben feiner Batik angewendet wurde (SUSANTO, S. 75):

zum Färben (bis 30mal mit Zwischentrocknung)

    50 Teile Jambalrinde
    10 Teile Tingirinde
    12 Teile Tegeranholz
    2,5 Teile Kolophonium (Gondorukem)
    6   Teile Kembang Pulu (Blüten der Färberdistel
        Safflor = Carthamus tinctoria; enthalten
        Carthamin)
    25 Teile Blendok Trembalo (Roter tierischer Farb-
        stoff einer Schildlaus, Carminsäure)

Saren (Nachbehandlung; Zweck: Fixierung und Farbtönung durch neue Farbstoffzusätze, z. B. Sari Kuning, s. o.)

    6   Teile Borax, $Na_2B_4O_7 \cdot 10H_2O$
    6   Teile Alaun,
    7   Teile Sari Kuning (Blüten von Gelbholz; enthalten
        Quercetin)
    37 Teile Zucker
    1,5 Eßlöffel Zitronensaft

Im Vergleich dazu ein neueres „Reformrezept" des Batikforschungsinstituts in Yogyakarta (SUSANTO, 1973, S. 77):

Für die Farblösung

    4 kg Jambalrinde
    2 kg Tingirinde
    1 kg Tegeranholz

Die zerkleinerte Mischung wird mit Wasser ausgelaugt, indem nacheinander 40 l, 30 l, und 20 l je zur Hälfte eingekocht werden, so daß schließlich 20 + 15 + 10 Liter Farblösung vorhanden ist.

Kalk-Saren (Fixierer)

    1 kg   Löschkalk
    18 l   Wasser
    2 onc. Zucker (ca. 60 g) zum Absetzen des Kalks 12
           Std. stehenlassen

„Saren sari kuning" (Nachbehandlung)

    1 kg Alaun   ⎫
    1 kg Tegeranholz ⎬ mit 60 l Wasser auf 30 l einkochen
    1 kg Sari kuning ⎭

Ebenso wie Mengkudu wurde auch Soga weitgehend durch synthetische Farbstoffe – meistens aus der Naphthol AS-Reihe – ersetzt, weil ihre Handhabung wesentlich einfacher ist.

In letzter Zeit wird der Natursoga wieder mehr Beachtung geschenkt, nicht zuletzt wegen der steigenden weltweiten Nachfrage nach Naturprodukten, zum andern, weil der warme Grundton der Soga kaum mit der Schnellfärberei zu erreichen ist und, weil der „run" nach alten Batiken zunimmt. Synthetische Soga wird nie den „Antiklook" alter Batik annehmen wegen der Echtheit der modernen Farbstoffe. Deshalb wird von vornherein auf „Antiksoga" gefärbt.

2.1.3.5. Erzeugung verschiedener Farben auf Batiken mit Pflanzenfarbstoffen

Blau: Indigo von Indigoferaarten

Rot: 1. Mengkudu aus der Wurzel von Morinda citrifolia und gemahlene Jirakblätter (Symplocos
             fasc. Zoll.) s. 2.1.3.2. Beizenfärberei.
          2. Kunyit (Wurzel von Curcuma), Kalk und
             Mengkudu
          3. Kembang pulu (Blüten von Carthamus tinct.
             L.) und Jangkangfruchtschalen (Sterculia futida L.)

Braun: Sogamischungen aus
          Tegeranholz von Cudrania Javanensis
          Tingi = Rinde von Ceriops Candolleana
          Jambal = Rinde von Peltophorum

Gelb: 1. Tegeranholz und Alaunbeize + Zucker +
             Zitronensaft (Pekalongan, und Madura)
          2. Curcumawurzel evtl. mit Alaun und Zitronensaft (Madiun/Ostjava)

Grün: Leichtes Blaufärben mit Indigo und Überfärben
          mit Tegeran- oder Nangkaholz (Nangka = Brotfrucht, Artocarpus integrifolia)

Violett: Leichtes Blaufärben mit Indigo und Überfärben
          1. mit Mengkudu/Jirek oder
          2. Kembang pulu mit Jangkang und Zitrone
             oder
          3. Soga

Schwarz: Blaufärben mit Indigo und Überfärben mit Soga. In Cirebon und Indramayu (Nordküste Westjavas) wird anschließend im ,,beletan''-Verfahren fixiert. Dazu werden die fertig gefärbten Batiken über Nacht in eine Mischung aus schwarzem Schlamm (tanah endut hitam), jungen Kokosnüssen (cengkir) und Kokosblättern (blarak) gelegt.

Alle diese Farbstoffe sind bis auf den Indigo relativ unbeständig. Diese Tatsache und die im allgemeinen umständliche Handhabung der Pflanzenfarbstoffe haben ihren Ersatz durch synthetische Farbstoffe verursacht.

2.1.3.6.: Übersicht über Farbstofftypen und ihre Färbemechanismen an Textilien

Farbstofftype mit Beispielen links natürliche, rechts synthetische		Prinzip der Färbung
Substantive Farbstoffe (Direkte Färbung)		
Curcumin Congorot	Diamin (Hoechst)	Bindung des Farbstoffes an Hydroxylgruppen der Faser über sog. Wasserstoffbrücken, keine dauerhafte Färbung auf Zellulose (Baumwolle, Leinen)
Saure und basische Farbstoffe		
Flavone	Anthralan (Hoechst)	Salzbildung zwischen Farbstoff und Fasern mit sauren bzw. basischen Gruppen wie Wolle und Seide. Reine Zellulose wie Baumwolle (und Leinen) lassen sich nicht dauerhaft anfärben.
Küpenfarbstoffe		
Indigo Purpur	Anthrasole (Hoechst) Indigosol (Bayer) Indanthren (Bayer)	Ausfällung des Farbstoffs in der Faser durch Redox-Vorgang (gleichzeitige Reduktion/Oxidation). (reduzierte Phase = gelöst und farblos; oxidierte Phase = fest und gefärbt)
Beizen- bzw. Entwicklungsfarbstoffe		
Morindin (Mengkudu) Krapp, Blauholz Sogabestandteile	Naphthole incl. Rapidecht	Salzbildung in der Faser aus zwei löslichen Komponenten bzw. durch Lösungsvermittler in Lösung gebrachte feste Stoffe (vgl. ,,Mengkudu'')
Reaktivfarbstoffe		
—	Remazol (Hoechst) Procion (ICI) Levafix (Bayer)	Chemische Bindung zwischen Hydroxylgruppen der Faser und dem Farbstoff über eine reaktive Gruppe, z. B. Vinylsulfongruppe bei Remazol. Die Hydroxylgruppe der Zellulose wird durch Alkali (NA_2O) ionisiert und damit reaktionsfähig.

2.1.4. Geräte zur Wachsapplikation

Um Wachs auf den zu färbenden Stoff aufzubringen, sind auf Java im Laufe der Jahrhunderte einige Geräte entwickelt worden, die zum Teil auch von Batikern anderer Länder übernommen worden sind.

2.1.4.1. Canting und Zubehör

Das javanische Canting (Von „Centing", „Centong" = gebogen, Schöpfer) besteht aus einem Gefäß aus dünnem Kupferblech und einem Bambus- oder Rohrgriff. Eine oder mehrere Tüllen („Carat", „cucuk" = Kanne, Tülle, Schnabel) sitzen an einer Seite des länglichen Bodens. Auf der gegenüberliegenden Seite ist eine weitere Spitze ausgezogen, die das Gefäß im Griff festhält.

Rohr eignet sich besonders gut als Cantinggriff, denn es ist leicht zu bearbeiten und überall zu haben. Beim Füllen des Cantings durch Eintauchen in flüssiges Wachs saugt sich auch das poröse Griffinnere voll, was wie ein Wärmespeicher wirkt. Bei richtiger Handhabung (Arbeiten am hängenden Stoff) bleibt der Griff getränkt, während das Wachs aus dem Kupferbehälter herausfließt.

a
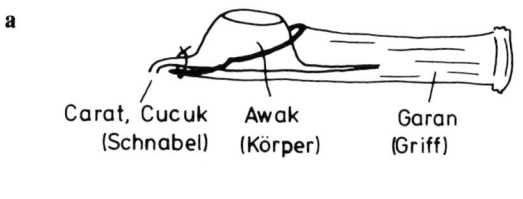

Carat, Cucuk   Awak   Garan
(Schnabel)   (Körper) (Griff)

b
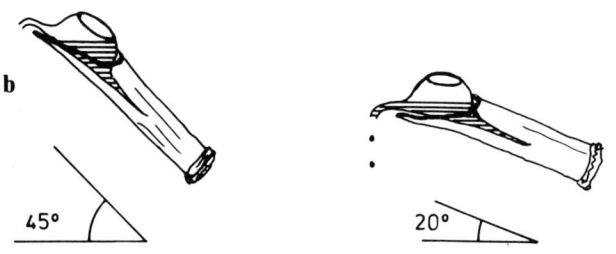

45°   20°

Abb. 6: Javanisches Canting und seine Wirkungsweise.

Für die verschiedenen Arbeitsphasen werden Cantings unterschiedlicher Größe und Form verwendet. Die Umrisse (Rengrengan) und Füllmotive (Isen) werden mit sehr feinen Cantings gearbeitet, während für die Arbeit mit Tembokwachs (Abdecken der weißbleibenden Stellen) Cantings mit größeren Tüllen gebraucht werden. Zum Abdecken großer Flächen mit Tembok- oder Bironwachs wird ein Fadenknäuel in einer sehr großen Tülle befestigt, was wie ein Pinsel mit ständiger Wachszufuhr wirkt. Cantings mit Mehrfachtüllen erfüllen Spezialaufgaben: 2- bis 7-fache Cantings für parallele Linien und Punktkombinationen in Füllmustern (Canting carat loro (2), – telu (3), – papat oder prapat (4), – lima oder perliman (5), – nenem (6) und – sanga oder pitu (7) bzw. Canting cecek pitu etc., (carat = Tülle, Gießröhre: cecek = Punkt).

Eine Sonderstellung nimmt das „Canting Nitik" ein. Einkerbungen am „Carat" erzeugen das quadratische Grundmotiv für alle Nitik- und Webimitationsmuster. Manchmal wird dieselbe Wirkung auch durch vier oder fünf Tüllen in dichter quadratischer Anordnung erreicht. Diese Cantings müssen immer in derselben Richtung aufgesetzt werden, was noch mehr Geduld und Konzentration von der Batikerin erfordert, als das ohnehin schon üblich ist.

Die Arbeiten mit dem Canting werden grundsätzlich von Frauen ausgeführt. Nur in Cirebon und unter den Künstlern greifen auch Männer zu diesem Werkzeug.

Die Arbeiterinnen in den Manufakturen sind Handwerkerinnen, die fremde Entwürfe ausführen. Wenige von ihnen wären in der Lage, eigene Muster zu entwerfen. (s.a. Entwicklung . . . 3.1.)

Die Arbeit mit dem Canting

Das Canting wird zum Anwärmen einige Minuten in das Wachs gehalten. Dann wird der Behälter voll geschöpft und über dem Wachstopf abgetropft, bis kein Wachs mehr aus dem Griff läuft; im Canting selbst ist nun noch genug Wachs vorhanden. Nach dem Abstreifen am Topfrand bläst die Batikerin von außen in die Cantingmündung. Dadurch werden Wachspfropfen in das Canting zurückgeblasen, die sonst evtl. klecksend herausgedrückt würden.

Zum Zeichnen greift die Batikerin mit ihrer freien Hand unter das vom Holzgestell (Gawangan) herabhängende Tuch und hält das Canting mehr oder weniger geneigt. Bei waagerechter Haltung des Stoffes wäre der Wachsfluß schwerer zu kontrollieren, denn der Weg des Cantings bis zur Ruhestellung wäre zu weit. – (s. Abb. 6b) – Striche und Konturlinien werden immer von unten nach oben geführt, wodurch ein Auslaufen des Linienendes unterbunden werden soll. Spiralmotive werden in mehreren Teilen gezeichnet.

Neue Cantings müssen „eingeschrieben" werden, d. h. die Grate an den Tüllenrändern müssen entfernt werden. Dazu wird das Cantingmundstück auf feinem Schleifpapier oder einem Bambusstück hin und her gestrichen. Zum Öffnen von verstopften Tüllen werden Roßhaar oder auch Kokosfasern benutzt. Der Stoff hängt während des Batikens über einem Gestell aus Bambus, dem „Gawangan", worauf er mit Gewichten festgehalten wird. Früher waren diese Gewichte kunstvolle Nachbildungen von Früchten aus Stein oder Metall. Leider findet man heute kaum noch solche „Bandul Batik".

Das Wachs wird üblicherweise in einer halbkugelförmigen Pfanne („Wajan") erhitzt. Als Wärmequelle dient oft noch ein tönerner Holzkohleofen („Anglo"). Heute sind auch schon Gas-, Kerosin- und Elektroheizquellen in Gebrauch.

Abb. 7: Geräte für die Batikherstellung: Anglo mit Wajan (Öfchen mit Pfanne), Cantings, Bandul (Gewicht zum Festhalten des Stoffs).

2.1.4.2. Cap und Zubehör

Die im 19. Jahrhundert steigende Nachfrage nach preiswerten Batiktüchern aus allen Bevölkerungsgruppen führte zur Erfindung des „Cap", eines Rapportstempels aus Kupferblech. Dieses Gerät ist praktisch eine Weiterentwicklung des Mehrfach-Canting, aber auch Kunstwerk in sich selbst. Es erlaubt, große Flächen schnell mit Wachs abzudecken. Schon wegen des erheblichen Gewichts eines Cap (∼ 1 kg) ist die Arbeit damit Domäne des Mannes.

Der Cap besteht aus drei untereinander verlöteten Teilen:

a) Griff aus Eisen oder starkem Kupferblech (beim Gebrauch zur Wärmedämmung mit Textilien umwickelt),
b) Trägerrahmen, ein Gitter aus starkem Kupferblech,
c) Musterträger aus dünnerem Kupferblechband.

Der Musterträger wird aus vielen Einzelbändern nach einer maßgetreuen Zeichnung gebogen, verlötet und schließlich mit Trägerrahmen und Griff verbunden. Von der Maßgenauigkeit hängt die Qualität der späteren Batikarbeit entscheidend ab, denn für die Rückseite ist ein spiegelbildlich identischer Cap notwendig; und für eine nach der „Ngerok" Methode hergestellten Batik sind zwei weitere identische Caps mit weniger dichtem Besatz für den zweiten Wachsgang (Tembokan) nötig.

Für höher symmetrische Muster oder bei Caps, die selbst schon eine Spiegellinie enthalten, kann der Stempelsatz für die Rückseite (Ngerussi) eingespart werden. (s. dazu Anhang Symmetrie). An die Arbeit des Cap-Herstellers werden also höchste Ansprüche gestellt, da sein handwerkliches und künstlerisches Werk mitverantwortlich für die Schönheit einer ganzen Serie ist.

Vom „Tukang Cap", dem Cap-Drucker werden zwei Dinge zur Herstellung einer Qualitätsbatik verlangt:

1. Die Ansätze sollen nicht sichtbar sein – also keine Lücken oder Musterüberschneidungen.
2. Der Wachsauftrag muß gleichmäßig sein, da sonst Farbunterschiede herauskommen.

Zur Erzeugung unsichtbarer Ansätze wird der Stoff vor Beginn der Arbeit gemessen und mit Hilfslinien versehen, entlang denen die erste Reihe gestempelt wird. Senkrechte

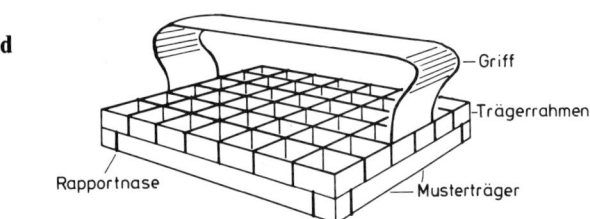

Griff

Trägerrahmen

Rapportnase

Musterträger

Abb. 8: Herstellung eines Cap: a) Übertragung der Maße von der Zeichnung, b) Einsetzen der Motive, c) Verbindung des Musterträgers mit dem Rahmen, d) Schema des Aufbaus.

Abb. 9: Arbeiten mit dem Cap: a) Randmotiv, b) Klowong, c) Tembok, d) Cap für Klowong (rechts) und Tembok (links) desselben Musters (a, b und c zeigen jeweils die Arbeit auf der Rückseite „ngerussi").

und waagerechte Ansätze werden durch „Rapportstifte" und „Nasen", die an jedem Cap sind, erleichtert. – Der Cap wird mit einer Seite zuerst aufgesetzt, – wobei darauf geachtet wird, daß die Rapportstifte genau die Rapportmarken des vorherigen Abdrucks treffen – und dann voll abgekippt. Auszusparende Teile werden mit Papierschablonen abgedeckt, z. B. Einzelmotive in einem Flächenmuster oder Eckenbildung bei Bordüren. Je nach Art bzw. Symmetrie des Musters und nach Musterinhalt des Cap wird die Fläche in zwei Richtungen aufgefüllt.

Für den einwandfreien Wachsauftrag muß der Cap gleichmäßig heiß sein und darf beim Eintauchen in das Wachs nicht verkantet werden. Nach dem „Wachstanken" wird der Cap evtl. kurz kopfüber gehalten, damit das Wachs nicht nur am Ausgang der Lamellen bleibt. Zwischen Eintauchen, Drehen, Aufsetzen und Abkippen darf keine Pause entstehen, damit ein gleichmäßiger Wachsauftrag gewährleistet ist. Außerdem ist die gute Beschaffenheit des gepolsterten Tisches, auf dem der Stoff liegt, eine wichtige Voraussetzung.

Das „Stempelkissen" besteht aus einer beheizten flachen Schale „Loyang", in der mehrere Schichten Bast und Textilmatten liegen, die eine definierte Eintauchtiefe des Cap garantieren. Es ist selbstverständlich, daß verbogene oder anderweitig beschädigte Caps nur noch als Wandschmuck zu gebrauchen sind.

Die Herstellung eines guten Cap-Satzes (4 Stück) nimmt viele Monate in Anspruch und kostet 200 US $ und mehr.

2.2. Arbeitsfolge bei der Batikherstellung

Vor der eigentlichen Batikarbeit („mbatik" oder „nyerat" von „serat" = „mit Wachs schreiben") muß der Stoff („Mori") in mehreren Arbeitsgängen vorbehandelt werden, um alle unkontrollierten Fremdstoffe aus dem Gewebe zu entfernen und dieses für die Farbstoffe aufnahmefähiger zu machen.

Zunächst wird der Stoff eingeweicht und gewaschen, um eine etwaige Appretur herauszulösen („mencuci" oder „ngirah"). Für Stoffe, die zu feinen handgezeichneten („tulis") Kains

(Hüfttuch, ca. 2,50 m × 1,05 m) verarbeitet werden sollen, ist das einfache Waschen nicht ausreichend. Hier folgt vielmehr eine intensive Behandlung mit einer Mischung aus pflanzlichen Ölen (Erdnuß-, Palmöl etc.) und Alkali („mengetel"). Als Alkali kommen Reisstrohasche, Soda oder auch Natronlauge (letztere nur für billige Stoffe) in Frage. Die mengenmäßige Zusammensetzung von Öl und Alkali ist nach Landschaft und Manufaktur sehr unterschiedlich; deshalb soll hier ein Beispiel für viele stehen.

Für einen Kain braucht man: 75 ccm Erdnußöl und eine Lösung, die in 3 Liter Wasser 45 g Soda ($Na_2CO_3 \cdot nH_2O$) enthält.

Am ersten Tag wird der nasse Stoff mit der Mischung aus 75 ccm Öl und ½ Liter der Sodalösung gründlich durchgewalkt und zum Trocknen aufgehängt. Danach wird abwechselnd mit je ½ l Sodalösung gewalkt und getrocknet (6 mal oder mehr!). (SUSANTO, 1973, S. 7). Wenn mit Mengkudu gefärbt wird, muß dieser Öl- und Ablaugprozeß wiederholt werden, bis eine Stoffprobe gleichmäßig rot gefärbt wird. Nach dem letzten Laugen wird der Stoff gründlich gespült. Eine schnellere Methode, die Appretur aus dem Stoff zu entfernen, ist das Kochen mit einer 0,1–0,2%igen Salz- oder Schwefelsäure (HCl bzw. H_2SO_4). Diese Arbeitsweise geht aber zu Lasten der Reißfestigkeit des Stoffes und wird von qualitätsbewußten Herstellern deshalb nicht angewendet.

Nachdem die Faser auf die oben beschriebene Art aufnahmefähig für die Farbstoffe gemacht worden ist, wird der Stoff jetzt mit einer 2%igen Tapiokastärkelösung leicht gestärkt („nganji"), was folgenden Zweck verfolgt: Das Wachs kann nicht in die Faser selbst eindringen, sondern bleibt auf der Oberfläche und läßt sich später leichter aus dem Gewebe entfernen. Für die wäßrige Farbstofflösung ist die Stärke dagegen kein Hindernis.

Nach dem Trocknen muß der Stoff geglättet werden. Eine alte und bewährte javanische Methode heißt „ngemplong". Dazu werden 10 Kains (ca. 25 m Stoff) zusammengerollt und auf einem Holzbrett mit einem großen Holzhammer geschlagen. Damit ist der Stoff bereit für den eigentlichen Batikprozeß.

2.2.1. Herstellung einer klassischen „Batik tulis" in Yogyakarta (Mitteljava) „Ngerokan"-Prozeß, „tulis" = „schreiben" (s. Tafel I)

Einteilung des Stoffes

Mit Holzkohle oder Graphit wird der Stoff in Felder aufgeteilt und die Motivumrisse werden – meistens mit einer Schablone (Pola) – auf den Stoff übertragen.

Erste Wachsabdeckung („ngrengreng" oder „rengrengan" = Modell, Vorbild, Entwurf oder „klowongan" = Öffnen eines Ringes, Reifens)

Zuerst werden die Umrisse aller vorgezeichneten Motive mit Klowongwachs nachgezogen. Danach geschieht dasselbe auf der Rückseite der Arbeit („ngerussi", „Terusan" = durchgehend). Mit demselben Wachs werden die Füllmotive („Isen") beidseitig auf den Stoff gezeichnet. Hierzu wird das feinste Canting gebraucht. Klowongwachs ist spröde und läßt sich im nassen Zustand leicht mechanisch entfernen. Es deckt alle die Stellen ab, die im 2. Farbgang z. B. mit Soga gefärbt werden sollen.

Zweite Wachsabdeckung („tembokan", „nembok" od. „mbliriki" = Pflaster, pflastern).

Nach Fertigstellung der Füllmotive werden jetzt die Stellen, die weiß bleiben sollen (z. B. der Hintergrund = „latar") mit „Tembok"-Wachs beidseitig abgedeckt, was bei großen Flächen mit einem Pinsel oder einem groben Canting geschieht. Die hierzu verwendete Wachsmischung ist durch einen hohen Harzanteil sehr zäh und haftet gut am Stoff, so daß sie alle Farbgänge übersteht. Das fertig gewachste Stück wird der Sonne ausgesetzt, so daß das Wachs anschmilzt und so noch besser am Stoff haftet.

Erstes Farbbad: Indigo („wedelan", „medel")

Nachdem der Stoff sorgfältig beidseitig mit Wachs abgedeckt ist, ist er bereit für den ersten Farbgang – bei traditionellen Batiken Indigo. Heute wird fast nur noch synthetischer Indigo verwendet, der sich vom Pflanzenfarbstoff nur dadurch unterscheidet, daß Zellreste fehlen und daß er höher konzentriert vorliegt. (Das gewachste Tuch wird in die Leukoverbindung,

eine farblose, reduzierte Form des Indigo, getaucht. Beim Verhängen an Luft wird der Leukofarbstoff durch den Luftsauerstoff zu Indigo oxidiert, wobei die Farbpartikel von Faserteilen eingeschlossen werden. Der Vorgang des Tauchens und Lüftens kann bis zu 30mal wiederholt werden, je nach gewünschter Farbintensität. Heute kommen auch schnellwirkende Oxidationsmittel in Form von Entwicklungsbädern zur Anwendung, aber man traut seiner Erfahrung oft mehr und bleibt bei der gewohnten Methode. Vom Gelingen dieser Färbung hängt es nämlich ab, ob sich eine Weiterverarbeitung lohnt oder ob der Stoff verworfen werden muß (s. a. 2.1.3.1. Küpenfärberei).

Kleine Familienbetriebe überlassen die Arbeit des Blaufärbens oft einem Lohnfärber. Große Manufakturen beschäftigen Färber, die die Färbearbeit verrichten, während die Farblösung meist auch hier von einem Familienmitglied des Inhabers angesetzt wird. Die zu färbenden Stoffbahnen hängen an einem Gatter, das durch eine Handwinde gehoben und gesenkt werden kann (s. a. Färbemethoden).

Teilweise Entfernung des Wachsauftrags („ngerok", „kerokan" = abkratzen)

Von dem gespülten Tuch aus dem Indigobad wird in nassem Zustand das Klowongwachs mit einem stumpfen Messer oder Blechstück beidseitig abgeschabt; die braunzufärbenden Stellen werden freigelegt. Das Tembokwachs übersteht diesen Vorgang gut und muß nur stellenweise ausgebessert werden.

Dritter Wachsauftrag („mbironi" von „biru" = blau)

Nach dem Abwaschen der losen Wachsteile („ngumbah") und Trocknen werden alle Stellen, die blau bleiben sollen, mit einem groben Canting abgedeckt. Ebenso werden Bruchstellen im Tembokwachs ausgebessert, wenn nicht ein Krakeléeffekt gewünscht wird. Für diese Arbeit wird ein stark harzhaltiges Wachs verwendet, das größtenteils aus „malam lorodan" (= zurückgewonnenes Wachs aus dem Abkochprozeß) besteht.

Zweites Farbbad: Soga („nyoga", „menyoga")

Auch hier wurde der natürliche Farbstoff „Soga" (Extrakt aus Farbrinden und -hölzern tropischer Bäume) weitgehend durch synthetische Farbstoffe ersetzt, die einfacher zu handhaben sind. Heute sind allerdings Bemühungen im Gange, zu den Pflanzenfarbstoffen zurückzukehren – nicht zuletzt wegen der steigenden Nachfrage europäischer Kunden. Im Gegensatz zur Indigofärberei, die auf der Oxidation des in der Faser gelösten Farbstoffs beruht, wird die Färbung hier hauptsächlich durch Salzbildung in der Faser erhalten, färbetechnisch „Farblackbildung" genannt: Zwei wasserlösliche Komponenten (basisch und sauer) verbinden sich zu einem schwerlöslichen Farblack, der in der Faser festgehalten wird. Die Soga ist kein einheitlicher Farbstoff, sondern ein Gemisch. Teile wirken selbst als Beize und werden durch Kalzium $(Ca(OH)_2)$ ausgefällt, während andere durch Alaunbeize im Nachbehandlungsmittel „Saren" erfaßt werden. Auch die Beizen wurden früher z. T. aus Pflanzenaschen gewonnen (vgl. Mengkudufärberei). Der Anteil der verschiedenen Pflanzenarten und ihre Herkunft von unterschiedlichen Standorten wirkte sich maßgeblich auf den erzeugten Farbton aus. Es ist deshalb verständlich, daß die Färber ihre Geheimnisse zu wahren versuchten (s. a. Sogafärberei).

Entfernung der Wachsschicht durch Auskochen („nglorod", „ngebyok", „mbabar" = enthüllen)

Nach dem letzten Färbegang mit Soga und den anschließenden Fixierprozessen („Saren") kann endlich das Wachs entfernt werden, und die fertige Batikarbeit kommt in den Farben Weiß, Blau, Braun und Schwarz zutage. (Schwarz ist durch Überfärben der nicht abgedeckten blauen Stellen mit Soga entstanden). Das freiwerdende Wachs setzt sich beim Kochen an der Oberfläche ab und kann abgeschöpft werden. Nach dem Umschmelzen wandert es in den Prozeß zurück; es bildet den Hauptbestandteil des „Mbironi"-Wachses, s. o.

Das hier beschriebene „Ngerok"-Verfahren stellt eine wesentliche Rationalisierung des Batikprozesses dar. Der Vorteil liegt darin, daß zur Erzeugung von Blau und Braun nebeneinander nicht das gesamte Wachs entfernt werden muß, um die für das Braun reservierten Stellen freizulegen. Nachteilig ist die Gefahr einer mechanischen Beschädigung des Stoffes beim „Ngerok"-Arbeitsgang. So ist es für feine Stücke manchmal doch günstiger, ein anderes Verfahren zu wählen.

2.2.2. Andere Verfahren (nach SUSANTO, 1973)

Einfarbige Batiken

Traditionelle Batiken dieser Art sind die nur mit Indigo gefärbten „Batik Kelengan" (Kelengan = schwarz färben). Die ersten javanischen Batiken stellt man sich als Batik Kelengan vor. Auch die sog. „Kain Simbut" oder „K. Selimut" hatten eine weiße Zeichnung auf dunkelblauem und

a

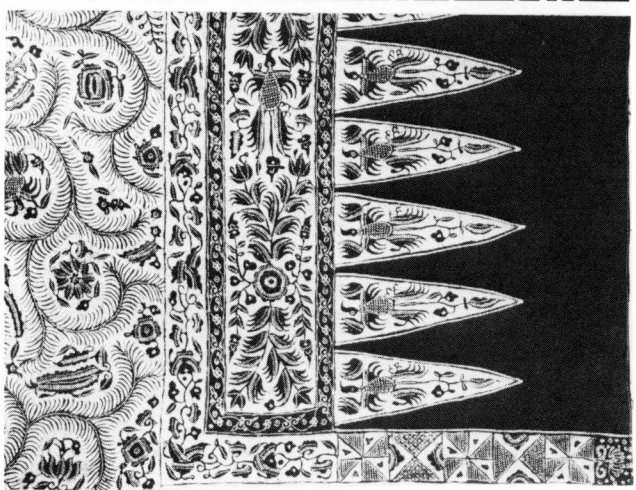

b

Abb. 10: Einfarbige Reservemusterungen: a) Kain Simbut (Reservierungsmittel: Reisstärkebrei, Farbstoff: Mengkudu), b) Batikkain aus Indramayu (Farbstoff: Indigo/Soga mit Schlammfixierung) M. = 1:7.

später auf rotem Grund. „K. Simbut" wurden hauptsächlich in Bantam/Westjava auf primitive Art hergestellt. Statt flüssigen Wachses wurde Klebreisstärke mit Holzstäbchen oder zu Tüten gefalteten Palmblättern auf den groben Handwebstoff gestrichen und zu einfachen Mustern arrangiert.

Batiken, die nur mit Soga braun gefärbt sind, nennt man „Batik Kalimantan" (Kalimantan = Borneo); und die früher in Jakarta hergestellten rot/weißen, mit Mengkudu gefärbten Tücher heißen „Bangbangan" (bang = rot (jav.)). Der Prozeß besteht nur aus

„mbatik klowong" (1. Wachszeichnung),
„medel" (Indigofärbung) bzw. Färbung mit Soga o. ä.
und „nglorod" (Auskochen).

Batik Bedesan

Hierbei wird die Sogafärbung vor der Indigofärbung durchgeführt. Dadurch erhält man nur Braun und Schwarz. Einfache Nitikmuster werden auf diese Weise mit dem Cap hergestellt.

Arbeitsweise:
„mbatik tembok" (1. Wachsauftrag mit Tembokwachs)
„nyoga" und „nyareni" (Sogafärbung und Saren-Nach-behandlung)
„mbatik klowong" (2. Wachsauftrag mit Klowong-wachs)
„medel" (Indigofärbung)
„nglorod" (Kochen)

Batik Lorodan (Auskochprozeß)

Bei diesem Verfahren wird nach jedem Färben alles Wachs durch Kochen entfernt. Vor dem erneuten Abdecken der zu erhaltenden Farbstellen wird der Stoff wieder leicht gestärkt („nganji") und geglättet („ngemplong"), was die endgültige Entfernung der Wachsschicht begünstigt. Das Verfahren wird für feine Batiken angewandt. Bei der Cap-Methode liegt der Vorteil darin, daß auch der Arbeitsgang „Biron" (Wachsen nach dem ersten Farbgang) mit dem Cap ausgeführt werden kann. Das ist im „Ngerok"-Prozeß nicht möglich, weil der mit Wachs bedeckte, gefärbte Stoff sehr wellig ist. Nachteilig ist der hohe Wachsumsatz bei diesem Prozeß. Die Arbeitsgänge sind wie folgt:

„mbatik klowong" und „tembok" (1. und 2. Wachsauf-trag)
„medel" (Indigofärbung)
„nglorod" (Kochen)
„nganji" und „ngemplong" (Stärken und Glätten)
„mbironi" (Abdecken aller Stellen, die weiß und blau bleiben sollen mit Biron- und Tembokwachs)
„nyoga" und „nyareni" (Soga und Saren-Nachbehand-lung)
„nglorod" (Kochen).

Batik Pekalongan

Wie schon der Name andeutet, wurde dieses Verfahren in Pekalongan, dem Zentrum für die moderne Batikindustrie an der Nordküste Javas entwickelt und am meisten benutzt. Die vielfarbigen Batiken der Nordküste und die bunten, „neuen Kreationen", die seit Jahren Europa überfluten, sind mit dieser Methode hergestellt und haben nicht nur in Europa falsche Vorstellungen von javanischen Batikmustern geliefert. Diese „Coletan" („menyolet" = malen) verdienen den Namen „Mogelbatik" und sind nicht zu verwechseln mit den vielfarbigen Meisterstücken der meist chinesischen Werkstätten dieser Gegend.

Arbeitsweise:
„mbatik ngrengreng" (Abdecken der Umrisse mit Klowong-wachs);
„mbatik isen" (Abdecken der Füllmuster mit Klowongwachs); evtl. Abdecken des Hintergrundes mit Tembokwachs
„menyolet" (Ausmalen der Motive mit Farbstoffbrei von Anthrasol, Rapidechtfarben oder Reaktivfarbstoffen; Rapidecht = fertige Mischung von Naphthol + Echt-salz in Pulverform, die erst durch Säurezusatz kuppelt) (Colet, menyolet = malen)
Fixierung bzw. Entwicklung
„menutup" (Abdecken der gemalten Flächen; „tutup" = schließen)
„mencelup pertama" (1. Färben; „celup", „nyelup" = tau-chen)
„nglorod" (Entfernen der Wachsschicht durch Kochen)
„menutup" (Abdecken aller Flächen, die in der gegenwärtigen Färbung erhalten bleiben sollen)
„mencelup kedua" (2. Färben)
„nglorod" (Entfernen der Wachsschicht durch Kochen)

Batik Radioan (Bleichverfahren)

Wenn neben Blau, Braun und Weiß kein Schwarz erwünscht ist, kommt das Bleichverfahren „Radioan" in Frage. Das Verfahren schadet aber dem Stoff und wird selten angewandt.

Arbeitsweise:
„nyoga" (Sogafärbung)
„nganji" und „ngemplong" (Stärken und Glätten)
„mbatik klowong" (1. Wachsauftrag mit Klowongwachs an Stellen, die braun bleiben sollen)
„memutihan" (von „putih" = weiß; Bleichen):
    1. Bad: 3 g $KMnO_4$ (Kaliumpermanganat) + 2 ccm HC1/Liter
    2. Bad: 9 g $NaHSO_3$ (Natriumhydrosulfit) / Liter
„mbatik tembok" (2. Wachsauftrag mit Tembokwachs an Stellen, die weiß bleiben sollen)
„medel" (Indigofärbung)
„nglorod" (Entfernung der Wachsschicht durch Kochen)

Seidenbatik (s. a. 2.1.1. Stoffe und -zuschnitte)

Mit Rücksicht auf die Empfindlichkeit der Seide gegen Alkali und heißes Wasser (der Glanz wird beeinträchtigt) müssen beim Batikverfahren besondere Bedingungen eingehalten werden: Das Wachs muß niedrigschmelzend sein (reines Bienenwachs); an Farbstoffen eignen sich Indigosol und Naphthole bei vorsichtiger Anwendung. Eine Entfernung des Wachses durch Benzin entfällt, da wegen der starken Verdunstung die Brandgefahr groß ist. Bisher hat sich die Behandlung mit heißem Wasser unter Zusatz eines kleinen Anteils von Benzin und Netzmittel am besten bewährt (s. 2.1.1.).

Bei allen beschriebenen Verfahren ist von „mbatik", der handgezeichneten Wachsreserve ausgegangen. Streng genommen dürfen nur solche mit handgezeichneten Wachsreserven hergestellten Stoffe als „Batik" bezeichnet werden. Aber bei den meisten Verfahren wird die „Cap"-Reserve selbstverständlich angewendet und als Batik angeboten. Wie schon erwähnt, kann der 3. Wachsgang im „Ngerok"-Verfahren nur mit dem Canting ausgeführt werden, weil der Stoff nach der Indigofärbung nicht zu glätten ist, ohne die schon vorhandene Wachsreserve zu zerstören. Die beiden ersten Wachsgänge „Klowong" und „Tembok" können jedoch genausogut mit dem Cap ausgeführt werden (s. a. 5. Qualitätsbeurteilung . . .). Wenn nach jedem Färben ausgekocht wird, („Lorodan"), dann können alle Wachsgänge mit dem Cap ausgeführt werden.

Tafel I: Einzelne Arbeitsschritte im Batikprozeß (Kerokan): a) Mencap Klowong, b) Mencap Tembok, c) Medel (Indigofärbung), d) Ngerok, e) Mbironi, f) Nyoga (Sogafärbung), g) Nglorod.

Tafel II: Frauen bei der Batikarbeit: a) Eine Batikerin vor ihrem Haus in Imogiri bei Yogyakarta; b) Isen (mengisen) nach der ersten Färbung (Pekalongan); c) Ngerok (Steine dienen als Gegengewicht, um den zu bearbeitenden Stoff festzuhalten); d) Frauen beim Bedecken der zu erhaltenden Farbflächen nach dem ersten Farbbad (mbironi); e) Die erste Wachszeichnung (rengrengan).

Abb. 11: Bahn aus einem gebatikten Totentuch „Sarita" der Toraja aus Sulawesi; M. = 1:7 (Sammlung Smend).

3. Batik aus Java – lebendige Tradition

3.1. Entwicklung der Batikkunst in Indonesien

Die Batiktechnik war im indonesischen Archipel mit Sicherheit seit undenkbar langer Zeit bekannt – wahrscheinlich schon vor der indischen Kolonisation am Anfang unserer Zeitrechnung. Ob es sich um eine eigenständige indonesische Entwicklung oder um eine von außen hereingetragene Methode der Textilverzierung handelt, wird sich kaum klären lassen, da wegen der klimatischen Verhältnisse keine Reste erhalten sind.

Die Toraja im Innern Sulawesis (Celebes), die nie mit indischer Kultur in Berührung gekommen sind, stellten Totentücher und Kopftücher in einfacher Wachsreserve her. Das Wachs wurde hier mit Holzspänen aufgetragen, und die Muster waren aus geometrischen Grundelementen aufgebaut (Mäander, Kreuzblüten, Swastika und Tumpal). Die Verwandtschaft dieser Muster mit den Zierkanten an Sarong-Kepalas ist unübersehbar. Ob und welcher Zusammenhang zwischen beiden besteht, wurde bis jetzt nicht erforscht (s. 3.2.5. Randverzierungen, s. 3.4.1. Traditionelle Kleidung).

Die Batikmuster, die wir heute als „klassisch" bezeichnen, sind zum Teil als Reliefmuster von Steinskulpturen des 9.–13. Jahrhunderts bekannt. Ob es sich bei den dargestellten Kleiderdessins aber um Batik oder um eine andere Ziertechnik handelt, ist nicht zu erkennen. Eindeutige Erwähnung von javanischen Batikkleidern in der Literatur gibt es erst seit der Islamisierung Javas (ab 15. Jh.), und schon Anfang des 17. Jahrhunderts wird von einer Blütezeit der Batikkunst in Mitteljava berichtet, wo seinerzeit Sultan Agung regierte (vgl. 3.2. „Parang Rusak").

Es mutet sonderbar an, daß sich gerade in der islamischen Zeit Javas so viele Tierdarstellungen und hinduistische Elemente in Batikmustern behaupten, ja sogar entwickeln konnten. K. R. T. HARDJONAGORO erklärt das 1979 aus dem Vorhandensein eines religiösen Zwischenstadiums: das schon geschwächte Hindureich Majapahit (1294–1520) verlor an Einfluß, während der Islam in Java langsam und relativ unblutig die Oberherrschaft über das Volk gewann. Das bedeutet: Ihm wurde die bildliche Darstellung von Lebewesen untersagt. Hinter den Palastmauern lebten jedoch die alten Symbole weiter – in der Baukunst wurden die alten Schmuckelemente verwendet (vgl. Moschee Mantingan; SUSANTO, 1973, S. 304). Der endgültigen Islamisierung war schon eine Abwendung vom klassischen Hinduismus zugunsten der Einbeziehung urzeitlicher Glaubensvorstellungen vorausgegangen. So wurde aus der indischen Trinität von Shiva, Bra(h)ma und Wishnu die typisch javanische Schöpfergestalt „Bat(h)ara Guru".

„Hyang Jagad Giri Noto" (Sanskr: Hyang = Gottheit; Jagad = Welt, Universum; Giri = Berg; Noto = Herrscher), Schöpfer des Universums. In Batara Guru ist das dualistische Prinzip personifiziert (männlich/weiblich, Himmel/Erde etc.). Seiner Schöpfergestalt bzw. seinen Schöpfungen – vom tiefsten Meer bis zum höchsten Gipfel – werden bis auf den heutigen Tag Opfer gebracht. Er ist in seiner allumfassenden Eigenschaft mit Allah gleichzusetzen und erregt keinen Anstoß beim Islam (HARDJONAGORO, 1979). Auch Ernteriten zu Ehren von „Dewi Sri", der Reisgöttin, gelten Batara Guru, denn sie ist sein Geschöpf – wie der Reis ein Teil des Universums.

Ebenso verehrte man früher den Sultan von Solo als irdischen Vertreter Batara Gurus und erachtete ihn damit würdig genug, Sonnensymbole (Parang Rusak, Garuda etc.) zu tragen. Aus diesem Grunde wurde für alle sog. „Larangan" (verbotene Muster) der Anspruch erhoben, nur dem Fürsten und seiner Familie vorbehalten zu bleiben. Sowohl der Hof von Solo (18. Jh.) als auch der von Yogyakarta (ohne genaue Jahresangaben) gaben entsprechende Dekrete heraus (s. 3.4.3. Larangan). Natürlich haben die Verbote längst ihre Gültigkeit verloren, aber ein wohlerzogener Javane respektiert sie weiterhin, denn er würde als sehr unhöflich gelten (eine javanische Todsünde!), würde er den Bereich des Kratons (Palast) in unpassender Kleidung betreten.

Trotz dieser höfischen „Kleiderordnung" ist Batik immer eine echte Volkskunst gewesen. Die Bürger erfanden eigene, weniger symbolträchtige Muster; die Larangan wurden durch Heirat von Hofangehörigen nach außen getragen, und innerhalb und außerhalb der Paläste diente die Herstellung einer Batikarbeit der inneren Sammlung. Man arbeitete für den eigenen Bedarf und fast nie in kommerzieller Absicht.

Erst im 19. Jahrhundert stieg die Nachfrage nach Batik so stark an, daß sich Manufakturen bildeten, die nur noch für den Verkauf arbeiteten. Diese Geschäfte waren oft in der Hand von Arabern und Chinesen, die auch den Export auf andere Inseln betrieben. Mit dem steigenden Bedarf an preiswerten Stoffen – auch für den Export – sann man auf eine Beschleunigung und Verbilligung des Verfahrens und fand sie 1815 mit dem „Cap", einem kupfernen Rapportstempel. Aus Europa kamen inzwischen Nachahmungen, die teils im Druckverfah-

a

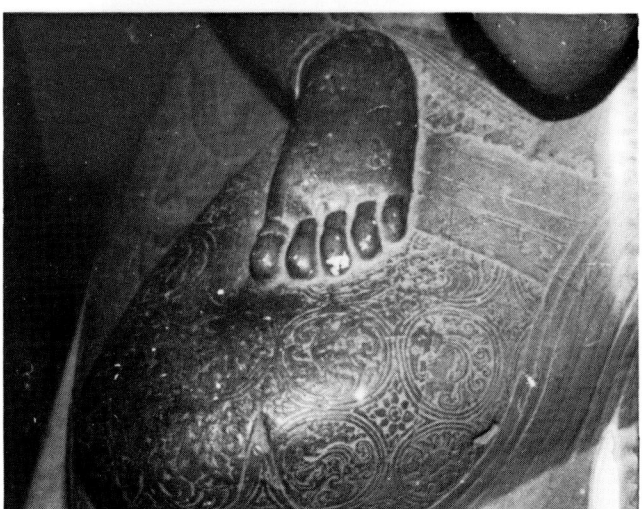

b

Abb. 12: Reliefmuster auf Steinskulpturen: a) Wandrelief am Borobudur, 9. Jh. n. Chr., b) Kleidermuster an einer Götterfigur aus Ostjava, 13. Jh. n. Chr., Museum Pusat, Jakarta.

ren hergestellt waren, teils in Wachsreserve. Diese Erzeugnisse, die auf Anregung einiger Kolonialbeamter (unter anderem von Sir Raffles), in England und Holland entstanden, haben schon damals manchen europäischen Andenkensammler getäuscht, wie man gelegentlich an Museumsstücken sehen kann, die von Javareisenden später gestiftet worden sind.

Fremde Einflüsse machten sich immer zuerst an der Nordküste bemerkbar, wo sich viele Chinesen und einige Araber niedergelassen hatten und wo die Häfen immer neue Begegnungen mit fremden Kulturen brachten. Hier hatten sich auch die ersten nennenswerten Manufakturen gebildet und Mitte des 19. Jahrhunderts fingen einige Ehefrauen der holländischen Kolonialherren an, sich die Zeit mit Batikentwürfen zu vertreiben. Ihre Batiken waren mit naturalistischen Blumenmotiven auf den europäischen Geschmack abgestimmt und hatten nichts mehr gemeinsam mit den strengen Mustern Mitteljavas.

Die Erfindung der Anilinfarbstoffe brachte dieser Industrie enormen Aufschwung. Die einst meditative Beschäftigung javanischer Frauen wurde immer mehr zum mechanischen Nacharbeiten fremder Entwürfe durch Batikarbeiterinnen degradiert. Bei ihnen kann keine Rede mehr von „innerer Sammlung durch Beschäftigung mit Batik" sein. Und das beklagte K. R. T. Hardjonagoro 1979 in Washington (s. Einleitung). Diese Frauen erhoffen sich vielmehr einen kleinen Verdienst. Wieviel die wochenlange Arbeit an einem Stück ihnen schließlich einbringt, ist nicht eindeutig zu sagen.

Eine geübte Batikerin arbeitet bis zu fünf Stunden täglich an einem feinen Stück, das später nach Qualität der Arbeit bezahlt wird. Ein Stundenlohn läßt sich kaum ermitteln; er ist auf jeden Fall sehr gering verglichen mit europäischem Standard, allerdings nicht unbedingt im Vergleich mit anderen Fließbandarbeiten in Indonesien. Die Arbeitskräfte in Yogyakarta rekrutieren sich vielfach aus den kargen Landstrichen südöstlich der Stadtprovinz, wo keinerlei Verdienstmöglichkeiten bestehen. Die Frauen bleiben einige Wochen in der Manufaktur, wo sie auch schlafen können und verpflegt werden, um dann wieder für Wochen oder Monate in ihr Dorf zu gehen. Einige leisten auch dort Heimarbeit oder haben sich mit Hilfe kirchlicher oder anderer Organisationen zu Genossenschaften zusammengeschlossen. In den letzten Jahren hat sich die Situation laufend verändert; umfangreiche Umsied-

lungsprogramme haben diese Gegend erfaßt, und so fehlen immer mehr Arbeitskräfte, die es verstehen, gute Batiken zu zeichnen. Auch mit dem Nachwuchs ist es schlecht bestellt, denn die junge Generation drängt in moderne Berufe. Immer mehr Fälschungen wie Sieb- und Maschinendrucke werden auf den Markt gebracht und neben echten Batiken auch als solche angeboten.

So ist Batik – wie die europäischen Handarbeiten – vom allmählichen Aussterben bedroht, wenigstens in der kommerziellen Form, die sie inzwischen angenommen hat.

Einige Künstler und die Museen werden vielleicht dafür sorgen, daß die Technik und die traditionellen Motive nicht vergessen werden und werden darauf aufbauend neue Variationen schaffen, die moderne Vorstellungen mit der traditionellen Basis verbinden.

3.2. Klassische javanische Batikmuster

Unter „klassischen" Batikmustern sind die im Einflußbereich der mitteljavanischen Fürstenländer (Solo und Yogyakarta) seit Jahrhunderten verwendeten Motive zu verstehen. Sie gehen zum Teil auf früheste Darstellungen der hindujavanischen Periode (9. Jh.) oder sogar der bronzezeitlichen Einwanderung zurück. Die klassischen Farben sind blau, braun und schwarz.

Fast alle nach dieser Definition klassischen Batikmotive lassen sich in Gruppen und „Musterfamilien" ordnen.

Gruppe A: Muster aus „geometrischen" Grundformen

1. Banji (Muster aus sich kreuzenden Linien mit Swastikamotiv)
2. Stempelartige Muster, stilisierte Darstellungen von Blüten- und Fruchtquerschnitten
   a) Ceplok
   b) Ganggong
   c) Kawung
3. Webimitationen: Nitik und Anyaman
4. Lereng und Parang, schräglaufende Streifen

Gruppe B: Muster aus „nichtgeometrischen" Grundformen

1. Semen, Alas-Alasan
2. Buketan und Terang Bulan

Gruppe C: Sammelmuster

3.2.1. Muster aus „geometrischen" Grundformen
(i. d. Literatur: Geometrische Muster)

Bei allen zu dieser Großgruppe gehörenden Mustern handelt es sich um kleinrapportige, flächendeckende Dessins.

3.2.1.1. Banji

Dieses Batikmuster – eines der ältesten – wird aus sich kreuzenden Linien oder Bändern gebildet; die entstehenden Lücken sind mit Swastikamotiven gefüllt. Die Swastika – zunächst auch in Asien allgemein als Sonnensymbol bekannt – wurde in China zum Glückszeichen erhoben. Es tauchte z. B. immer an Brautbetten auf. Wenn man weiß, daß „Ban-ji" chinesisch 10000 bedeutet, ist leicht vorstellbar, daß man mit diesem Motiv die Vervielfachung allen Glücks symbolisieren wollte (s. Anhang).

3.2.1.2. Stempelartige Muster, stilisierte Darstellungen von Blüten- und Fruchtquerschnitten

3.2.1.2.1. Ceplok

bedeutet nach HAMZURI (s. JASPER & PIRNGADIE, 1916) voll aufgeblühte Blume in Frontansicht", also: Grundriß oder Querschnitt. JASPER & PIRNGADIE erklären „Ceplok" mit „rosettenförmiger Metallbeschlag". Die meisten Muster dieser Gruppe sind nach Pflanzen benannt, wenige nach Orten, Bauwerken, Helden oder abstrakten Begriffen. Ein Zusammenhang zwischen Namen und Darstellung ist nicht immer ersichtlich, aber der stempelartige Eindruck ist in jedem Fall erhalten. Vielleicht erfaßt man die praktische Bedeutung des Ausdrucks besser, wenn man weiß, daß ein Spiegelei in Indonesien „telor ceplok" heißt (telor = Ei).

3.2.1.2.2. Ganggong

Für diese Untergruppe trifft alles zu, was über die Ceplokmuster gesagt wurde. Aber ein entscheidendes Merkmal hebt alle Ganggongmuster von den Ceplokmustern ab: die kreuzförmig angeordneten Linienbündel mit Endspiralen. Diese wurden von JASPER & PIRNGADIE, 1916, als Samenhaare der Sumpfpflanze Cryptocoryne ciliata angesehen, die im Volksmund auch Ganggong genannt wird. Die Frucht dieser Pflanze bildet Samenhaare aus, die eine Blütenform vortäuschen.

3.2.1.2.3. Kawung

Auch dieser Mustertyp wäre mühelos den Ceploks zuzuordnen. Aber alle Kawungmuster sind aus sich schneidenden Kreisen aufgebaut und bilden so eine Sonderform. Die entstehenden Lücken sind mit sternförmigen feinen Ornamenten auf dunklem Hintergrund gefüllt. Auf Tempelbauten des 9. Jahrhunderts erscheint schon eine Art Kawungmuster als Steinrelief (Prambanan, Borobudur u. a.). Statuen der Majapahitperiode (1294 – 1520) sind Kleider mit Kawungmuster auf den Leib gemeißelt. Ob es sich hierbei um Batikstoff handelte, ist nicht geklärt. Wahrscheinlicher ist, daß der dargestellte Stoff ein indisches Doppelikatgewebe (Patola) ist (s. auch „Nitik"). Den Namen „Kawung" führt man auf die Frucht der Arenpalme zurück (Kawung = jav. Palmenart Arenga saccharifera). Die Beinamen bezeichnen meistens die Größe des Motivs (K. picis = klein; K. Sen = groß, Sen von holl. Cent = Münze).

Kawungähnliche Muster finden sich in allen Kulturkreisen. Neuere Grabungen auf Thera (Santorin) Griechenland brachten Wandgemälde zutage, auf denen u. a. eine junge Priesterin dargestellt ist, deren Bluse ein kawungartiges Muster trägt (s.

Abb. 13: Junge Priesterin auf einem Wandgemälde aus Thera (Santorin) vor 1500 v. Chr. (DOUMAS, 1983).

Abb. 14: Ceplokmuster (M. = 1:3): a) Ceplok Kerton (K. von „kertos", jav. = Karte, Spielkarte, gleichzeitig Banjivariation); b) Slobok (= schlupfen, schlackern); c) Urang Ayu (U. = Garnele, A. = schön); d) Sekar Taji (S. = Blüte, T. = Baumart, Podocarpus neriifolia); e) Ceplok Meblem (M. evtl. von „Emblem"); f) Ce(m)paka Mulyo (C. = Gardenie, M. = erhaben); g) Ceplok Peksi Krena oder – Kirna (P. = Vogel, K. = viele Früchte, Million); h) Sekar Kepel oder Banji Kasut (Kepel = Faust, Kasut = mischen); i) Ceplok Markisah (M. = Passionsfrucht bzw. -blume).

Abb. 14

a

b

c

f

g

h

i

Abb. 15

b

d

Tafel III: Doppelikat: Patola und Geringsing: a) Patola aus Gujarat/Indien; Völkerkundemuseum Frankfurt/Main, Inv.-Nr. NS 27837; b) Kain Geringsing aus Tenganan/Bali; c) Abbinden der Schußfäden für einen einfachen Ikatstoff, Bali; d) Werkstück eines Kain Geringsing in Tenganan. Die Schußfäden sind ebenso gemustert wie die auf dem Webgerät sichtbare Kette. Während des Webens werden Schuß- und Kettfäden immer wieder von Hand ausgerichtet, so daß das Muster klar hervortritt.

Abb. 13). Angesichts der Tatsache, daß Thera um 1500 v. Chr. zerstört wurde, erhebt sich die Frage, ob die Motive einen gemeinsamen Ursprung haben oder ob es sich um unabhängig voneinander entwickelte Urmotive handelt.

Abb. 15: Ganggong- und Kawungmuster (M. = 1:3): a) Ganggong Satryo Wibawa (S. = Ritter, W. = Macht, Einfluß); b) Ceplok Blibar (B. = junge Pflanze von Garcinia mangostena); c) Ganggong Pendelegan (von ,,deleg" = Name eines Flußfisches); d) Kawung Sen aus Yogyakarta (S. = Cent, holländ. Münze); e) Kawung Picis (P. = klein); f) Kawung Brendi aus Solo; g) Kawung Latar Hitam aus Yogyakarta (Granitan-Technik); h) Kawung Picis aus Yogyakarta; i) Kawung Brendi Latar Hitam aus Yogyakarta (Granitan).

Das Prinzip der javanischen Philosophie wird im ,,Manca-pat", einem Kompaßmodell anschaulich. Es kann in seiner Gesamtheit kaum besser als durch das Kawungmotiv dargestellt werden. Den vier Himmelsrichtungen und dem Zentrum sind Götter, Wochentage, Farben und Charaktereigenschaften zugeordnet. Für das Zentrum stehen: Meru, Batara Guru, Vielfarbigkeit, Redegewandheit und schließlich ,,Kliwon", der höchste Tag der javanischen Woche aus fünf Tagen. Die vier Himmelsrichtungen verkörpern weniger einflußreiche Götter und ihre Eigenschaften. Das Prinzip beinhaltet also: ,,Der Kopf im Zentrum ist umgeben von vier starken Untergebenen." (DJAJASOEBRATA, 1979). Vergleich mit Borobudur, dem buddhistischen Heiligtum von KIFFMEYER, 1980.

3.2.1.3. Webimitationen: Nitik und Anyaman

Web- und Flechtarbeiten als Vorbild setzen schon geometrische Formen voraus. Mit „Anyaman" bezeichnet man Geflechte aus Bambus und Gras für Matten und Hauswände. „Nitik" enthält das Element „tik", was soviel wie Punkt bedeutet. Die „Punkte" und Linien in allen Mustern dieser

a

b

Abb. 16: Patola und ihre Nachahmung in Batiktechnik: a) Patola aus Gujarat/Indien (s. a. Farbtafel III), b) Batik nach einem alten indischen Patolamuster (Verwendung des Originals s. Abb. 32, „Cinde").

Gruppe sind streng genommen Rechtecke, die mit einem Spezialcanting (s. 2.1.4.) erzeugt werden.

Die meisten dieser Muster ließen sich auch unter „Ceplok" einordnen, nämlich diejenigen, die altindische Patolagewebe nachahmen. Patolen sind kostbare Doppelikatgewebe, die aus Gujarat/Vorderindien nach Indonesien importiert wurden, wo sie sich an den Fürstenhöfen besonderer Beliebtheit erfreuten. Sie sind als „Cinde" noch heute Teil der Zeremonialkleider, z. B. bei Hochzeiten. Manche Familien besitzen noch solche vor Jahrhunderten importierten Seidentücher und vererben sie von Generation zu Generation. Echte Patolen werden nur noch in wenigen Werkstätten Patans/Gujarat hergestellt. Eine balinesische Variante bilden die „Geringsings" aus Tenganan/ Bali. Sie werden bei allen wichtigen Zeremonien im Leben eines Dorfbewohners getragen (Geburt, Reife, Tod). Die hohe Wertschätzung derartiger Gewebe ist verständlich, wenn man die komplizierte Art der Herstellung betrachtet, die in Tenganan von zahllosen Zeremonien unterbrochen wird. (BÜHLER, RAMSEYER & RAMSEYER-GYGI, 1975):

Vor dem Weben werden bei der Ikattechnik (ikat = binden) die Schuß- oder Kettfäden stellenweise mit Bast umwickelt und so vor der Farbflotte reserviert. Dazu werden Kett- bzw. Schußfäden auf einen der Größe des Webgerätes entsprechenden Rahmen gespannt, so daß das Abbinden nach Plan durchgeführt werden kann.

Nach dem Färben der reservierten Stränge werden diese evtl. neu aufgespannt und für den nächsten Farbgang weiter umwickelt. Beim Doppelikat werden sowohl Kette als auch Schuß in dieser Weise reserviert und gefärbt. Durch exaktes Arbeiten und genaue Berechnung treten nach dem Weben die Muster klar hervor. Es ist leicht zu ermessen, welcher Aufwand in einem fertigen Tuch steckt.

Unter den Batikmustern ist das „Jilamprang" den Patolen am ähnlichsten. Der achtstrahlige Stern wird vielfältig gedeutet: die Bezeichnungen reichen von „Cakra" (Wishnus radförmige

Abb. 17: Nitikmuster (M. ca. 1:3): a) Krawitan (= Gamelanmusik); b) Mata Hari (M. = Auge, H. = Tag, Sonne); c) Sekar Lombok (S. = Blüte, L. = Pfefferschote); d) Jelamprang-Variation; e) Dapa Sungsun (D. = Blume, S. = Knochenmark); f) Rengganis (Name eines Engels im Koran); g) Tanjung Gunung (T. = Wasserlilie, Lotos, G. = Berg); h) Sekar Cengkeh (C. = Gewürznelke); i) Sari Mulat (S. = Blüte, M. von „bulat" = rundlich).

Abb. 17

a b c

d f

g h i

43

Abb. 18

a

b

c

d

f

g

h

i

Abb. 19: Schematische Darstellung verschiedener Lerengmuster: a) Riti-riti (fein, klein), b) Ima-ima Tatit (I. = Cirruswolken, T. = Blitz), c) Sirappan (= Dachschindel), d) Limarran (Seidengewebe, Cinde), e) Pilih (k)asih (P. = wählen, urteilen, a. = lieben, auch: parteiisch; Limarran-Variation).

Waffe) bis zu den „neun islamischen Heiligen Javas". Die meisten Nitikmuster sind nach Blüten benannt, z. B. „Kembang Jeruk" od. „Sekar Jeram" = Orangenblüte).

Eine andere Gruppe wird von den „Limarran" (L. = Gewebe aus Seide) gebildet; sie sind nach Webmustern benannt, die sich aus Rauten zusammensetzen. Das beliebteste Muster ist

---

Abb. 18: Nitik- und Anyamanmuster (M. ca. 1:3): a) Kawung Brendi-Variation, b) Sekar Jeram oder Kembang Jeruk (Orangenblüte), c) Cinde-Variation, d) Satlit oder Ceprik (von „ceplit" = Ohrschmuck?), e) Tirtateja (Tirta = Wasser, Teja = Lichtschein), f) Sekar Adas (A. = Fenchel, Anis), g) Sekar Randu (R. = Kapokfrucht), h) Dapa Tanjung (D. = Blume, T. = Strand), i) Sekar Kentang (K. = Kartoffel).

das „Tirtateja" (= auf Wasser gespiegeltes Licht), s.a. Abb. 18e und 19.

In den Fürstenländern werden Nitikmuster vorwiegend von älteren Leuten als Festgewand getragen. Das Jilamprang gehörte zu den „Larangan" (verbotene Muster, die nur von Hofangehörigen getragen werden durften). In Pekalongan steht das Muster auf farbigem Grund; man sieht es als typisch für die Stadt an und hat eine Straße nach ihm genannt.

3.2.1.4. Lereng oder Garis miring (schöne Streifen) und Parang

In dieser Gruppe sind alle schräggestreiften Muster zusammengefaßt. Die begehrtesten sind die ehemals „heiligen"

45

Abb. 20: Parang Rusak und Parang Curigo, Grundmotive (M. = 1:3,5): a) Parang Klitik (P. = Dolch, K. = klein), b) Parang Kesit (K. = scheuend, störrisch), manchmal auch Parikesit nach einer Figur des Mahabharata, c) Parang Rusak Gendreh (R. = zerstörend, G. = zierlich), d) Parang Rusak Barong (B. = Löwe), e) Parang Curigo (C. = Kris, Dolch), hier wird durch die Doppelbezeichnung die spitze Form angedeutet, f) Parang Curigo seling Parang Rusak (seling = abwechselnd), g) Parang Curigo Latar Putih (L. = Hintergrund, P. = weiß), h) Parang Sisik (S. = Schuppe).

Parangmuster, von denen es eine Unzahl von Variationen gibt. Charakteristisch für fast alle Parangmuster sind schräglaufende Reihen von S-Figuren, die abwechseln mit Reihen kleiner Vierecke, den sog. „Melinjos" (Melinjo = jav. Nuß).

Sowohl der Hof von Solo als auch der von Yogyakarta stellten die Parangmuster an die erste Stelle der Larangan, der verbotenen Muster. Und hier rangiert das „Parang rusak" wiederum am höchsten. (Parang = Messer, aber auch Klippe,

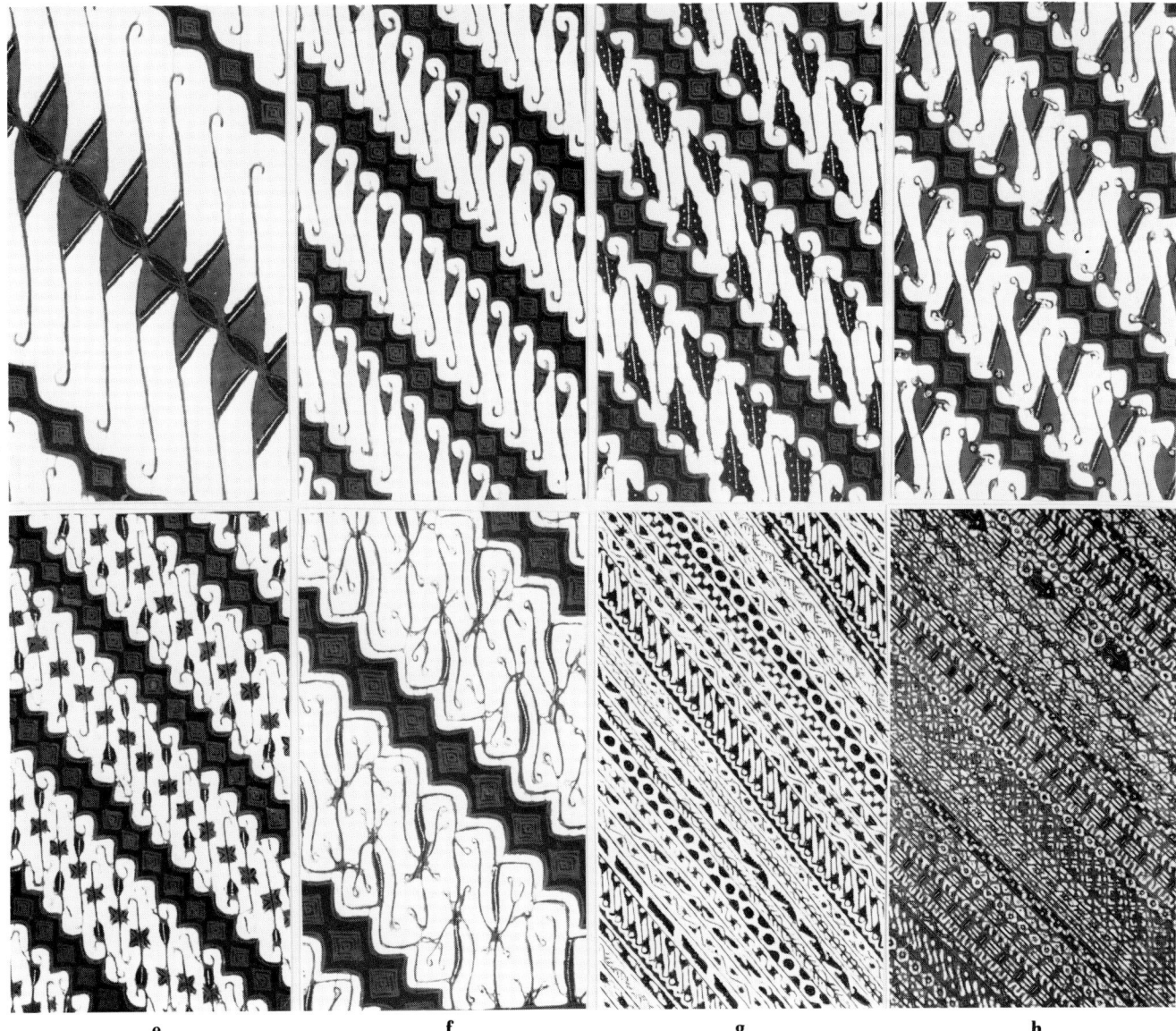

Abb. 21: Parangmuster und Udan Liris (M. = 1:3,5): a) Parang Tuding (T. = Zeiger), b) Parang Baris (B. = ausgerichtet in einer Linie), c) Parang Garut (G. von „garis" = Linie, Streifen, kratzen), d) Parang Sawut (S. = Streifen, Locke), e) Parang Kusuma (K. = Blüte), f) Parang Baladewa (B. = Gestalt aus dem Mahabharata, Bruder Kresnas), g) Udan Liris (U. = Regen, L. = sanft, leise; liris = riris), h) Rujak Sente (R. = Fruchtsalat, S. = Blätter einer Araceenart).

Fels; rusak = zerstören, aber auch zerstört). In seiner größten Form, dem „Parang Barong" stand es nur dem Fürstenpaar selbst zu, während das „Parang klitik" mit dem kleinsten Rapport (klitik = klein) auch von ihren Kindern und Verwandten getragen werden durfte.

Über Ursprung und Namen des „Parang rusak" existieren viele Legenden; eine davon berichtet, daß Sultan Agung (1613 – 45) lange meditierend am Meer gesessen und dabei beobachtet habe, wie die Wellen einen Felsen spiralförmig aushöhlten. Diese Vision habe er in Batik übersetzen lassen und dem Muster den Namen „Parang rusak" = zerstörter Fels gegeben. Eine andere Legende führt die Namensgebung eines

a   **b**

Tafel IV: a) ,,Gajah Birowo Akar Mekar'' (G. = Elefant, B. = ungeheuer groß, A. = Wurzel, M. = blühen); Teil eines Kain Tulis von Winotosastro, Yogyakarta 1970. M.: ca. 1:7; b) Ganggong ,,Satrya Wibawa'' (S. = Edler, W. = Macht, Ansehen); Teil eines Kain Granitan (Batik cap, einseitig mit dem Canting nachgearbeitet). Yogyakarta, 1977; M.: ca. 1:2.

schon vorhandenen Batikmusters auf die Geschichte des unglücklichen Prinzen Panji aus Ostjava zurück, dessen Braut auf Veranlassung seines Vaters mit einem Kris (gewelltes jav. Schwert) getötet wurde, weil dieser andere Heiratspläne mit seinem Sohn hatte. Zum Zeitpunkt des Mordes soll der Prinz einen Kain mit Parangmuster getragen haben. ,,Parang'' wird hier auf das Messer bezogen, das zerstörend wirkt.

Das Motiv selbst ist wahrscheinlich wesentlich älter als beide Legenden. Doppelspiralen kommen in allen prähistorischen Kulturen des indonesischen Archipels als Schmuckelement vor. Der Begründer des Reiches Mataram (1520) in Ostjava war der Sohn des letzten Fürsten von Majapahit und einer

Papuafrau (Neu-Guinea). Es ist möglich, daß das Parangmotiv über diese Verbindung in Java bekannt und beliebt wurde. Das Motiv wird als stilisierte Vogeldarstellung (LOEBER, 1914) oder als austreibender Wurzelstock des Lotus angesehen. JASPER & PIRNGADIE bringen den Namen Parang rusak mit einem sumatraischen Webmuster ,,Padang rusa'' in Verbindung. R. T. HARDJONAGARA, der Leiter des Palastmuseums in Solo und Kenner der gesamten javanischen Kultur deutet es sogar als Sonnenstrahl und damit als Sonnensymbol. (Persönl. Mitt., 1979).

In jedem Fall kann man das Parangmotiv als hervorragendes Symbol für Wachstum und Kraft verstehen. Der Glaube, daß

Abb. 22: Semenmusterarten: a) Rein pflanzliche Motive (Lung-lungan = Ranken), b) Muster mit Pflanzen- und Tierdarstellungen, c) Symbolreiche Darstellungen der hinduistischen Welt (aus JASPER).

sich diese Kraft auf den Träger auswirke, überließ das Parangmuster ein paar Jahrhunderte dem Fürsten. Ihn allein – als irdische Verkörperung der obersten Gottheit Batara Guru (Shiva, Brama und Wishnu in Einheit) – hielt man für stark genug, die magische Ausstrahlung solcher Symbole zu ertragen und so fielen sie unter das „Larangan"-Gesetz (s. a. 3.4.3.). Zu den „Larangan" (Verbotenen) gehörten auch alle die Muster, die teilweise Parangmotive enthielten, z. B. „Udan Liris" (sanfter Regen) und „Rujak Sente" (Rujak = Fruchtsalat; Sente = Pflanzenart), die sich beide aus vielen schräglaufenden Mustern zusammensetzen. Die Flechtstreifen eines „Banji"-Musters können ebenso Parangmotive enthalten wie einige „Ceplok"-Muster, z. B. „Kesatrya" und „Ceplok Prabu Anom" (s.a. 3.2.3.3. Zusammengesetzte Muster).

3.2.2. Muster aus „nichtgeometrischen" Grundformen

Die Muster dieser Großgruppe sind mehr oder weniger naturalistische Darstellungen von Pflanzen, Tieren und Gegenständen.

3.2.2.1. Semen

Die Semengruppe enthält die symbolträchtigsten Batikmuster. Der Name „Semen" wird abgeleitet von „semi" = Sproß. Da meistens Rankenwerk den Hintergrund für allerlei stilisierte Tier- und Landschaftsdarstellungen bildet, liegt dieser Zusammenhang nahe. Die Einzelmotive auf dem floralen Hintergrund sind Bilder aus der Umwelt des Javanen der vorislamischen Zeit. In manchen Mustern sind die Tierdarstellungen so abstrahiert, daß der Islam sie tolerieren konnte (Verbot bildlicher Darstellungen von Mensch und Tier im Islam). Einigen Motiven wurden – besonders in bestimmten Zusammenstellungen – magische Kräfte nachgesagt; und hier gilt dasselbe wie unter „Parang rusak" Gesagte: Nur den Fürsten erachtete man stark genug, solchen Kräften zu widerstehen.

Nach ihrem Symbolgehalt lassen sich drei Semenarten unterscheiden:

1. Muster mit rein pflanzlichen Motiven, z. B. „Pisang bali(k)". Solche Muster nennt man auch „Lung-lungan" (Lung = Ranke).
2. Pflanzenmuster mit Tiermotiven, z. B. „Dara muluk" (prächtige Taube), „Terang bulan" (Mondschein).
3. Muster, in denen Motive aus der Hindu-Mythologie (Flamme, Meru oder Himmelsberg, Lebensbaum, Naga und Garuda) vorkommen. Muster dieser letzten Untergruppe verkörpern das Universum schlechthin. Die wichtigsten Einzelmotive sind:

Meru: Himmelsberg, Sitz der Götter, Symbol für Erde, Reisfelder

Bangunan Baito, Candi: Bauwerke, die meistens einen „Candi" (Hindutempel) darstellen. Oft steht das Motiv auch für ein Schiff, um das Wasser zu symbolisieren (SUSANTO, 1973).

Binatang: Festlandstiere wie Rind, Hirsch etc. stehen als Symbol für die mittlere Welt, die Erde. Im „Semen Rama" wird dieses Motiv auch mit Wishnu in Verbindung gebracht, dessen erste Reinkarnation ein Tier war.

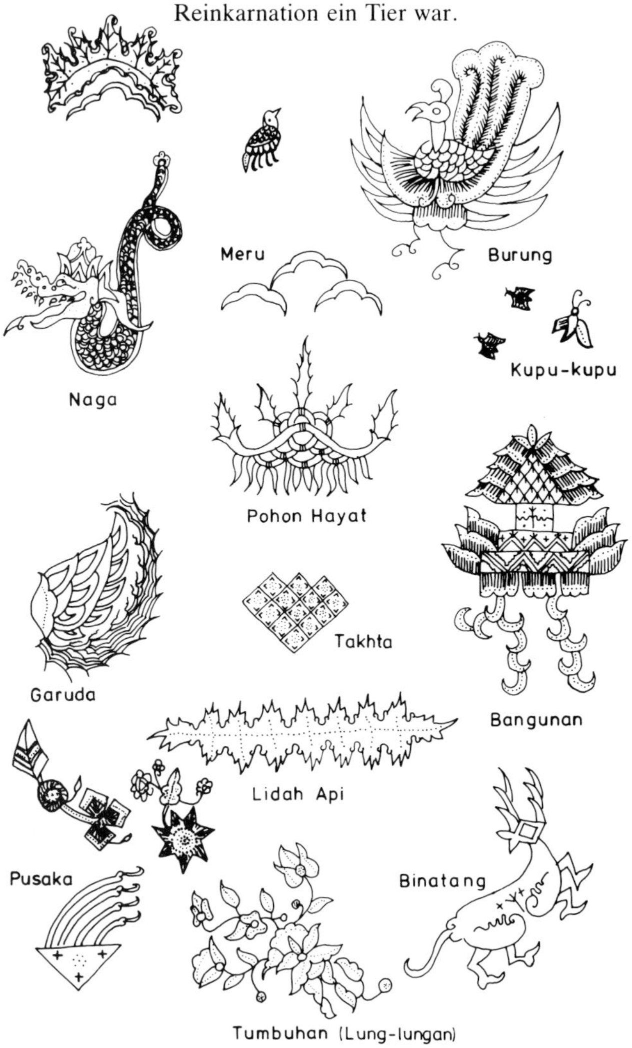

Tumbuhan: Pflanzenteile (Blätter, Blüten, Ranken, Knospen = Kuncup) Symbol für Wachstum; meistens Hintergrundfiguren (tumbuh, menumbuh = wachsen).

Burung: Vogel (Merak = Pfau; Phönix; Paradiesvogel = Burung Dewata; etc.) Symbol für die Luft als Lebensraum.

Pohon Hayat: Lebensbaum; ein breiter Wurzelstock trägt einen kurzen Stamm und meistens zwei Seitentriebe. Die Luftwurzeln lassen an eine Verwandtschaft mit dem Waringinbaum denken, dem Sitz der Geister, der auf keinem Alun-Alun (Versammlungsplatz vor dem Kraton) Javas fehlt. Oft wird das Motiv für eine Darstellung des Seelenschiffes gehalten (STEINMANN. 1947), (ADAMS. 1971), da das Schiff in dem großen Inselreich eine bedeutende Rolle spielt. Tatsächlich haben einige Formen dieses Motivs eine gewisse Ähnlichkeit mit Wikingerbooten, an denen außen Schilde aufgehängt sind. Die Deutung als Seelenschiff bietet sich zwar an, die javanischen Quellen setzen Schiffe jedoch mit „Candi" (Tempel) gleich (s. dort). (SOLYOM & SOLYOM, 1979; SUSANTO, 1973).

Lidah Api: Flamme (wörtl. Zunge des Feuers), Verkörperung des Gottes Brama – und damit wieder Batara Gurus. Dieses Motiv kommt auch als Randmotiv „Cemukiran" am Dodot und Iket kepala (Staatskleid und Kopftuch) vor; es rahmt die weiße Mittelfläche ein, die oft mit farbiger Seide appliziert ist (s. 3.4.1. Trad. Kleidung)

Kupu-Kupu: Schmetterlinge, Käfer und andere Insekten; neben den Vögeln stehen sie für die Luft als Lebensraum.

Takhta: Thron des Herrschers als Symbol der Macht. Es ist auch vorstellbar, daß mit den rechtwinklig angeordneten Feldern die Reisfelder als Basis des Reichtums und der Macht gemeint sind. s. „Meru".

Abb. 23: Die wichtigsten Einzelmotive der symbolreichen Semenmuster.

50

Abb. 24: Garudaformen: a) Lar und Mirong Hidup (H. = lebend), b) Mirong und Lar Mati (Mati = tot), c) Sawat aus Semen Garuda u. ä., d) Sawat Gegod aus Sido Luhur oder Semen Sukorini.

Pusaka: Erbe, Überlieferung, dargestellt als speerähnliches Gebilde, das einen Meteor verkörpern soll. Im übertragenen Sinn steht dieses Motiv für Glücksstern oder Glück.

Garuda: Göttervogel, Reittier Wishnus (Adlerart), Sonnensymbol. Er kommt in 3 Variationen vor: a) Lar (Einzelflügel)
b) Mirong (Doppelflügel)
c) Sawat (Doppelflügel mit Stoß)

Der Garuda ist das am höchsten rangierende Semenmotiv. Als Reittier Wishnus stand er für Wishnu selbst bzw. für die allumfassende Gottheit Batara Guru (Wishnu, Brama, Shiva und sogar Buddha verschmolzen nach dem Zerfall des hindu-javanischen Reiches zu Batara Guru, der ursprünglich nur eine Entsprechung des indischen Shiva allein war). Somit ist der Garuda auch Symbol für das Königtum, denn der Herrscher wurde als der irdische Vertreter Batara Gurus angesehen (s. 3.2.1.2.3. „Kawung"; Mancapat). In der Eigenschaft als Versinnbildlicher der höchsten Gottheiten symbolisiert der Garuda auch die Sonne, den Himmel und das Universum. Im modernen Indonesien ist der Garuda Kernstück des Staatswappens und Namensgeber der staatlichen Fluggesellschaft.

Naga: Die göttliche Schlange „Naga" wird oft geflügelt oder mit Dämonenkopf dargestellt. Sie ist die Erbfeindin des Garuda, weil sie seine Mutter gefangenhielt. Man findet in der Gegenüberstellung Garuda – Naga wieder ein Beispiel des dualistischen Lebensprinzips: Zusammenspiel von Gegensätzen wie + und –, weiblich und männlich, hell und dunkel, gut und böse etc. Naga symbolisiert die Unterwelt bzw. das Wasser und die fruchtbare Erde in ihrer Eigenschaft als Sinnbild von Dewi Sri, der Göttin des Reisfeldes, (KRTH, 1970), Garuda die Welt der Götter, die Sonne und den Himmel.

Die Namensgebung der Semenmuster unterlag früher allgemeingültigen Regeln. Heute kann man einige Verwirrung feststellen; die Namen für gleiche Muster können an zwei Plätzen völlig unterschiedlich sein (s. a. „Isen").

Abb. 25: Typische Anordnung der Einzelmotive in bekannten Semenmustern (M. = 1:20): a) Semen Sido Asih (Sido = Glück, A. = Liebe), b) Semen Rama (R. = Titelheld des Ramayana, hochjav. = „Vater"). Durch den großen Rapport hat dieses Muster eine besonders starke Ausstrahlung und stellt hohe Ansprüche an die Persönlichkeit des Trägers, c) Sido Luhur (L. = Ansehen, Würde; Yogyakarta-Stil), d) Semen Gurda (Garuda oder Banyanbaum).

Charakteristische Hauptmerkmale beliebter Semenmuster

Sembagen Huk (S. = geblümter Stoff, H. = Adler): Vogelfigur im Kreis (Ei), Muschel, Stern und Speere (Pusaka); Symmetr. Anordnung: p1

Sido Mukti (S. = Glück, geglückt; M. = Leben i. Wohlstand): Sawat, Lar, durch Bänder verbundene Stern- und Scheibenornamente, die den Platz von Pohon Hayat und Pusaka einnehmen (s. Abb. 29b); auch Muschelornamente. Symm. Anordn.: p1m1

Sido Luhur (L. = erhaben, edel): Sawat Gegod, Lar, Candi, Takhta (schräggestellte Quadratreihen), Scheibenornamente an Lar und Sawat. (Abb. 25c, 28b, Taf. VI); symm. Anordn.: p1m1

Semen Sido Asih (Asih = Liebe): Reihen aus Meru + Pohon Hayat - Kombinationen, die von wechselständigen Lar- und Tierfiguren flankiert sind (Verhältnis Landtier/Vogel zugunsten der Größe des Vogels stark verschoben); scheibenförmige Blattornamente (s. Abb. 25a, 30); symm. Anordn.: p1m1

b

d

Abb. 26: Details aus bekannten Semenmustern: a) Lindri mit Geringsing-Hintergrund (L. = freundlicher Blick), b) Kastubo (Name einer Blume), c) Pisang Bali(k) Latar Putih (P. = Banane, B. = umgewendet), d) Kakariyun (K. = Fruchtansatz, iyun = schaukeln).

Abb. 27: Details aus bekannten Semenmustern: a) Semen Sawat Garuda, b) Semen Gurdo Latar Ireng (G. = Garuda, ireng oder hitam = schwarz), c) Semen Sri Kuncoro (Sri = Göttin des Reisfeldes, K. = gefangen), d) Laras Kongas (L. = Harmonie, gute Idee, K. = hoher Rang).

b

d

Abb. 28: Details aus bekannten Semenmustern: a) Semen Sukorini (Suka hochjav. = schenken, Rin(gg)i(t) hochjav. = Wayang; ,,elegant wie Wayangspiel''), b) Sido Luhur (L. = Ansehen, Würde), c) Semen Perwata, Sembagen Huk-Variation (Sembagen = geblümt, H. = Greifvogel), d) Semen Cuwiri Kepyur (C. = geblümt, K. = sprühen, nieseln).

a

c

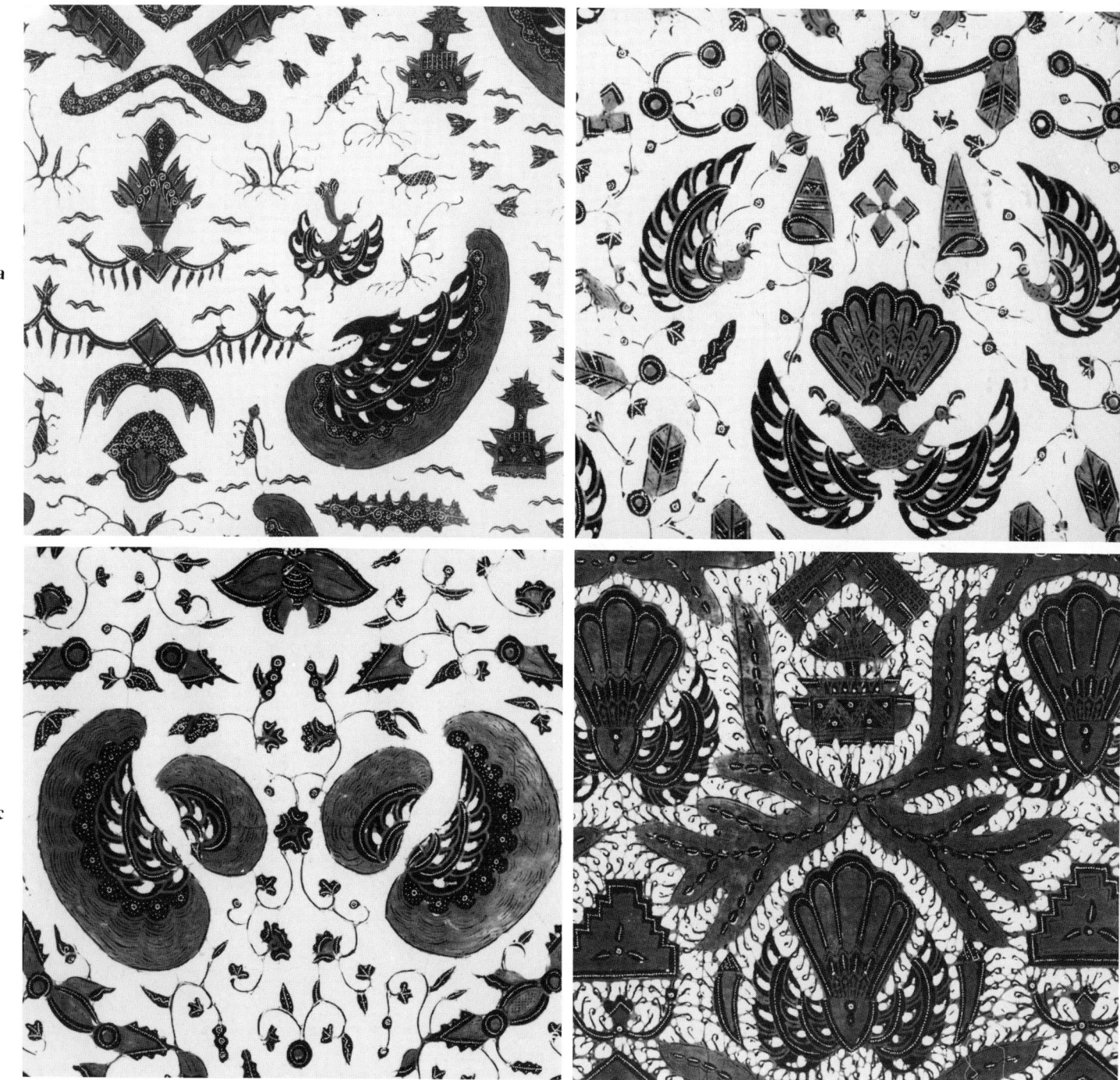

Abb. 29: Details aus bekannten Semenmustern: a) Semen Rama Bledak (R. = Titelfigur aus dem Ramayana-Epos), b) Semen Sido Mukti Bledak (= ,,Leben im Glück'', B. = ungemustert, hell), c) Semen Sawat Putro (P. = Kind, Nachkomme), d) Kuda Rante Ukel Latar Putih (K. = Pferd, R. = rasend, U. = Locke, Spirale, L. = Hintergrund, P. = weiß).

Abb. 30: Semen Sido Asih Tetel (Sido A. = Glück der Liebe, T. = dicht besetzt).

Abb. 31: Hochzeitsmuster: a) Sido Mukti Solo (Ukel-Hintergrund), b) Sido Mulyo Latar Putih (M. = würdig, feierlich), c) Sido Dadi (D. = werden, entstehen, erfolgreich), d) Wirasat enthält das ,,Teruntum''-Muster, ein Sternmotiv; es wird von älteren Verwandten getragen (W. = übertrag. ,,urteilsfähig'').

Semen Sukorini (Sukorini = vergnügt, fröhlich sein): Sawat Gegod, Pohon Hayat, Baito oder Candi (Schiff bzw. Tempel), Lotos, Scheiben-/Bandornamente (Pusaka), Takhta, hängende Ranken (Abb. 28a); Symm. Anordn.: p1m1

Semen Gurdo (Garuda): Sawat, Lar, Meru, Landtiere, verschiedene Vogelfiguren, Pohon Hayat, Candi, Lidah Api, manchmal in Form von Kronen über dem Zentralmotiv oder schwertförmig an Larfiguren (Abb. 25d, 27b); Symm. Anordn.: p1m1 od. c1m1

Kuda Rante (K. = Pferd, R. = Kette, gefesselt): Schweifförmige Ranken trennen stark stilisierte Semenelemente (Takhta, Sawat, Pohon Hayat etc.) (Abb. 29d); Symm. Anordn.: p1m1

Semen Cuwiri Kepyur (C. = geblümt, K. = sprühen) Pohon Hayat (Zentralmotiv), Takhta in stufenförmiger Anordnung, flankiert von Merus über Blüten, Sternen, Lar, Insekten; Hintergrund regelmäßig getupft (vgl. K. = sprühen). In der einfachsten Form kommen nur Merus und kleine Sawatmotive auf getupftem Hintergrund vor. Symm. Anordn.: p1m1, manchmal auch p2mg bei der einfachsten Form (s. Abb. 28d, 50).

Semen Sri Kuncoro (Sri = Reisgöttin, K. = Bündel): Ährenbündel, Vögel, Naga, Lar (hidup), Rosetten. Symm. Anordn.: c1m1 (s. Abb. 27c).

Laras Kongas: Sawat mit besonders verziertem filigranem Stoß als Zentralmotiv. Symm. Anordn.: p1m1; (Abb. 27d).

Semen Rama (R. = Titelheld des indischen Epos Ramayana, hochjavan. auch: „Vater".): Verschieden geneigte Lar-Paare gruppieren sich um Pohon Hayat und Takhta. Randfiguren (Landtiere, Vögel, Insekten, Meru, Lidah Api) sind spiegelsymmetrisch zu zwei unterschiedlichen Senkrechtreihen von Pohon Hayat- und Largruppen angeordnet. Symm. Anordn. p1m1, großer Rapport. (s. Abb. 25b u. 29a, Taf. XXI.)

Eine Sonderstellung unter den Semenmustern nehmen das „Sido mukti" und seine Variationen ein (Sido = gelingen, glücken, verwirklichen; Mukti = glückliches Leben, Wohlstand).

Kreuzweise geführte Bänder bzw. Girlanden bilden auf einer Ecke stehende Quadrate, die mit Semenmotiven gefüllt sind.

Am häufigsten sind Lar (Garudaflügel), „Baito" oder „Candi" (Tempel) und allerlei Kleintiere (Kupu-kupu, Burung) vertreten. Der Stellung der Symbole zueinander schrieb man bestimmte magische Wirkungen auf den Träger zu.

Das aus Solo stammende Muster wird gern zu Hochzeiten getragen. Früher wurden von der Mutter der Braut zwei gleiche Kains gebatikt, auf denen sie die Symbole so verteilte, wie sie es dem Charakter ihrer Tochter entsprechend für glückbringend erachtete. Heute werden solche Kains in Auftrag gegeben, wenn sie nicht gar von Hochzeitsveranstaltern geliehen werden. Die Symbolsprache ist den meisten Bestellern nicht mehr bekannt.

Beim eigentlichen „Sido mukti" aus Solo stehen die Symbole auf einem Hintergrund aus kleinen Spiralmotiven „Ukel". „Sido luhur" (luhur = edel, hochstehend) und „Sido mulyo" (mulyo = Leben im Wohlstand) haben meist einen einfarbigen Hintergrund, der entweder dunkel (Latar hitam bzw. ireng; Latar = Fond, hitam od. ireng = schwarz) oder hell (latar putih; putih = weiß) sein kann. Beim „Sido Dadi" kommen heller und dunkler Hintergrund abwechselnd vor (Dadi = erfolgreich, geglückt, beamtet sein). Die junge Frau trägt es nach der Geburt ihres ersten Kindes. Entsprechend fröhlich sind auch die Motive: es gibt Schmetterlinge und kleine Vögel. Das „Wirast" enthält das „Teruntum"-Muster, ein kleines Sternmotiv und wird wie dies selbst von den Eltern und älteren Verwandten zur Hochzeit getragen. Im „Sido mukti Yogya" stehen die Symbole ohne die unterteilenden Bänder auf einem „Ukel"-Hintergrund. Alle „Sido"-Muster werden nur von verheirateten Leuten getragen.

3.2.2.2. Alas-Alasan

„Alas-Alasan" bedeutet so viel wie „Leben im Wald", „belebter Wald". Die Motive sind denen in Semenmustern sehr ähnlich, aber während Bauwerke ganz fehlen, sind mehr Tiere dargestellt; Insekten und Vögel sind dabei besonders häufig. Als weitere Elemente findet man „Meru" und Lebensbaum. Die Figuren sind in „Strichmännchenmanier" auf einem einfarbigen, meist dunkelblauen Hintergrund in Reihen angeordnet. Bei den echten Alas-Alasan-Tüchern, die auf den Hof von Surakarta beschränkt waren, handelt es sich jedoch nicht um Batiken, sondern um sog. „Kain kembangan", deren Mittelfeld weiß ausgespart war. (Methode s. „Dodot" 3.4.1.) Auf dem gefärbten Rand wurden mit Lehm die Motive aufgemalt und darauf mit Fischleim Blattgold geklebt. Das weiße Mittelfeld ist zusätzlich durch eine wellenförmige Näh- reservierung vom übrigen Tuch abgegrenzt.

Nach HADIWIJAYA, einem vor einigen Jahren verstorbenen Prinzen aus Solo, können die beiden Bereiche in einem Dodot als voneinander abgegrenztes Wasser und Land interpretiert werden. Das weiße Mittelfeld „Blumbangan" (jav. = Wasser- becken, Teich) wird von dem gemusterten Feld „Benoa" (jav. = Festland) durch die genähte Wellenlinie „Ombak" (jav. = Welle) getrennt. Darin sah er ein weiteres Modell der dualisti- schen javanischen Weltanschauung (G. & B. SOLYOM, 1979). (s. 3.4.1. Trad. Kleider). Alas-Alasan-Tücher werden nur vom Sunan von Solo und Brautpaaren, die bei der Hochzeit vorübergehend den Herrscherstatus annehmen, getragen. (s. a. 3.4.). Im allgemeinen haben Alas-Alasan-Tücher einen dunkelblauen Untergrund; man nennt sie „Bangun Tulak", was einen schwarz-weiß gefleckten Vogel – wohl im übertra- genen Sinn – bezeichnet, evtl. in Anlehnung an den Kontrast von Mittel- und Außenfeld (vgl. Tulak = jav.: schwarz/weiß geflecktes Huhn; Bango = jav. Reiher). Heute nennt man auch die rot/weißen Schärpen der Brauteltern „Bango Tulak".

Eine andere Version von Alas-Alasan-Tüchern ist „Gadung Melati" (Gadung = jav. Knollengewächs; im übertragenen Sinn hier für „Batik grünfärben"; Melati = jav. Jasminblüte), die einen grünen Untergrund außerhalb des weißen Mittelfel- des hat. „Gadung" steht hier für „grün" und „Melati" für „weiß" (JASPER & PIRNGADIE, 1916, S. 235).

Die Prinzessinnen am Hof von Solo tanzten in Tüchern dieses Typs als Braut verkleidet zu Ehren von „Ratu Kidul", der Göttin der Südsee, der die Farbe Grün heilig ist (G. & B. SOLYOM, 1979).

Beim ersten Besuch der Schwiegereltern (einige Tage nach der Hochzeit) trug die fürstliche Braut solch einen grünen Alas- Alasan-Dodot, während sie zur Hochzeit selbst in der blauen Version erschien (JASPER & PIRNGADIE, 1916. ROUFFAER & JUYNBOLL beschreiben die Verwendung umgekehrt, 1914). K.R.T. Hardjonagoro mißt allen Alas-Alasan-Tüchern beson- dere symbolische Bedeutung bei; er mutmaßt, daß sie der

Beschwörung der Schädlinge des Reisfeldes dienten, was er aus dem häufigen Auftreten von Insekten auf solchen Tüchern schließt (persönl. Mitt., 1979).

In jedem Fall darf man wohl annehmen, daß die Verwendung von Alas-Alasan-Motiven mit Fruchtbarkeitsriten in engem Zusammenhang standen. Hier sei noch einmal betont: Die ursprünglichen Tücher dieser Art waren nicht gebatikt. Die Motive waren vielmehr in Blattgold aufgebracht.

Abb. 32: Staatskleid einer hohen Adeligen aus Solo. Dodot mit „Alas-alasan"-Motiven, seidene Doppelikatschärpe „Cinde"; (vgl. Abb. 16a); Repro aus JASPER & PIRNGADIE, 1916).

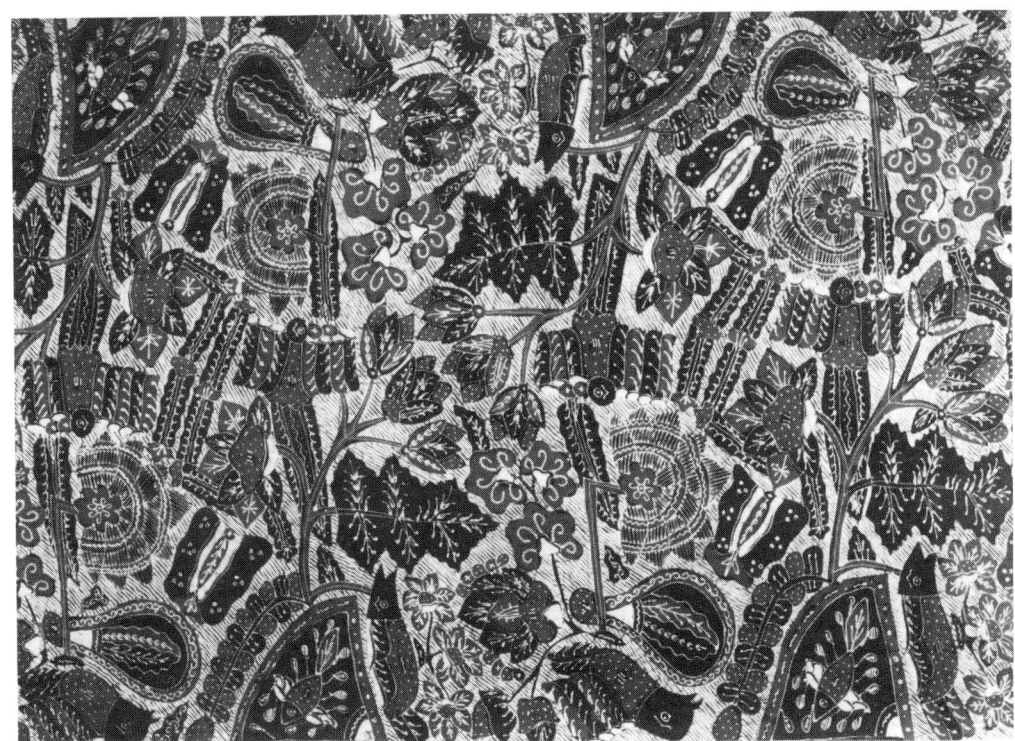

Abb. 33: Semenartiges Muster der ländlichen Bevölkerung im Süden Yogyakartas; neuere Arbeit in spontaner Zeichnung; ca. 1:10.

3.2.2.3. Buketan und Terang Bulan

Batiken dieser Gruppe sind streng genommen nicht als klassisch anzusehen, obwohl sie heute auch in Mitteljava sehr beliebt sind. Chinesische und europäische Einflüsse haben diesen Typ geprägt und seine Verbreitung von der Küste über die ganze Insel begünstigt. Große Einzelmotive, wie Paradiesvögel, Blumen oder Gegenstände schmücken in wenigen Exemplaren solche Tücher. Der Hintergrund kann einfarbig oder klein gemustert sein. Oft wird eben dieser Hintergrund von klassischen geometrischen Mustern wie Kawung- oder Parangvariationen gebildet. Auch Bordüren und Randverzierungen spielen in dieser Gruppe eine Rolle (s. 3.2.5. „Randverzierungen", „Tumpal".). „Terang Bulan" bezeichnet bei JASPER & PIRNGADIE eine „Semen"-Variation, deren wellenförmig dekorierter Hintergrund an schimmerndes Mondlicht erinnert.

3.2.3. Sammelmuster

Batiken dieser Gruppe gehören zu den interessantesten, weil sich auf einem Tuch viele Grundmuster vereinigen. Lediglich die Umrisse der zu füllenden Felder sind festgelegt. Die Batikerin hat hier die Freiheit, die Felder nach ihren eigenen Vorstellungen zu gestalten.

3.2.3.1. Tambal

Das am häufigsten vorkommende Sammelmuster nennt man „Tambal" (Tambal = Flicken). Das Tuch ist gleichmäßig in rechtwinklige Dreiecke und Vierecke aufgeteilt, die mit Beispielen aus allen erwähnten Gruppen gefüllt sind. Das Vorbild für Tambalbatiken ist die Jacke der animistischen Priester des Tenggergebirges in Ostjava. Die Gläubigen jenes Gebietes sollen Textilflicken geliefert haben, aus denen die Jacke der Priester zusammengefügt wurde. Wahrscheinlich war dieses Kleidungsstück Ausdruck des Gebots der Armut für Priester (vgl. Buddhismus). Es ist auch möglich, daß man die einzelnen Flicken einer „heiligen Handlung" unterzogen hatte, da man sie mit magischen Kräften behaftet wähnte. Auch ein islamischer Heiliger besaß solch eine Jacke, die er als Geschenk Gottes ausgab. Die Fürsten von Yogyakarta bewahren eine dieser sog. „Kyai Antakusuma" (= ehrwürdige Vielblumige) als wertvolles Erbe. Sie war früher Teil des Staatskleides; und auch hier vermutet man die magische Beschaffenheit der

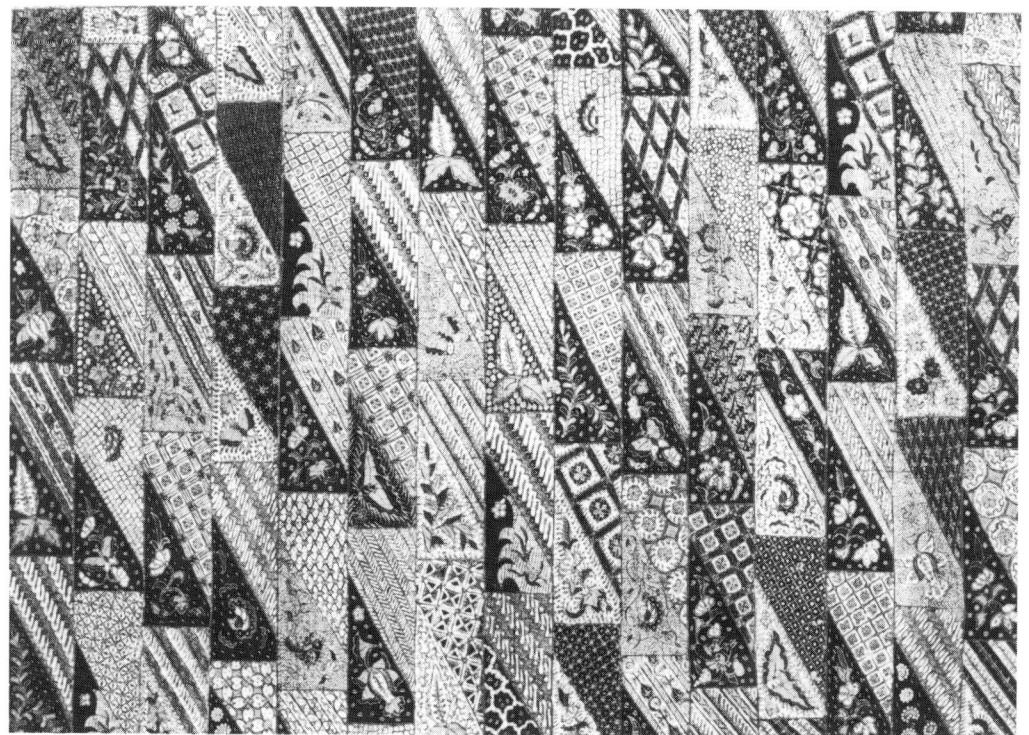

Abb. 34: Tambal (Ausschnitt aus einem Kain panjang aus Yogyakarta, ca. 1955, Soga ausgeblichen; 1:10).

Abb. 35: Zusammengesetzte Muster: a) Kesatrya (= Ritter) 1:10; b) Lereng-Komposition mit Nagas, ausgeblichen, 1:10; c) Ceplok Prabu Anom (P. = Prinz, A. = der zweite) 1:10; d) Ceplok Prabu Anom, andere Version, 1:10.

Einzelteile aus wertvollem Material (Gittinger, 1979; Veldhuisen-Djajasoebrata, 1972).

Eine Sonderform des Tambal stellt das „Sekar jagad" (Blume der Welt) dar. Hier ist die Form der einzelnen „Flicken" unregelmäßig gewellt. Man fühlt sich an einen bunten Blumenstrauß erinnert.

Auf einem guten „Tambalan" gibt es wenig oder keine Wiederholung, und man bekommt einen Eindruck von der Fülle traditioneller Mustervariationen.

3.2.3.2. Mustertücher

Zunächst nur eine vernünftige Einrichtung waren die Mustertücher, nach denen sich der Kunde einer Manufaktur einen Kain bestellen konnte; oder es war auch das Übungsstück einer Batikzeichnerin. Inzwischen sind diese Tücher beliebte Dekorationsstücke für Geschäftsräume u. ä. Ein Kain ist in 21–40 Flächen aufgeteilt, die verschiedene Beispiele eines Mustertyps aus einer Gruppe zeigen. Jedes Feld ist mit dem Namen der jeweiligen Variation beschriftet. Sind die Tücher nur zu Dekorationszwecken angefertigt, können sie auch Muster aus verschiedenen Gruppen enthalten. Gern wird abwechselnd auf hellem (Latar Putih) und dunklem (Latar Hitam bzw. L. Ireng) Hintergrund gearbeitet.

Reizvoll, aber recht selten sind Kains, die regelmäßig angeordnete Formen zeigen, die mit den verschiedensten Mustern eines Typs ausgefüllt sind (vgl. Gittinger, 1979, Fig. 86).

3.2.3.3. Zusammengesetzte Muster

Wie schon erwähnt, können Ceplokans, Banji und Garis miring auch aus Mustern einer anderen Gruppe aufgebaut sein. „Ceplok Prabu Anom" und „Kesatrya" gehören von ihrem Aufbau her zur Familie „Ceplok", aber sie sind aus Elementen der Semen-, Kawung- und Paranggruppen zusammengesetzt. Die sich kreuzenden Bänder im „Banji" können Bordüren der Lerengfamilie sein; ebenso können Reihen aus Kawung-Motiven im Lereng enthalten sein.

Abb. 35

b

d

Abb. 36: Füllmuster ,,Isen" und Hinter-grundmuster:
1. cecek (Tupfen) – 2. mata deruk (Tau-benauge) – 3. cecek pitu (p. = 7) – 4. kembang jeruk (Orangenblüte) – 5. ge-ringsing – 6. sisik melik (s. = Schuppe, m. = Besitz, Beweisstück) – 7. sisik – 8. kembang lombok (Pfefferblüte) – 9. kembang waru (Hibiskusblüte) – 10. owal awil (locker, lose) – 11. heran-gan (Flechtwerk am Giebel) – 12. sira-pan (Dachziegel) – 13. kembang pepe (Asclepiadaceae-Art) – 14. poleng bin-tulu aji (p. = kariert, b. = buntkariert, a. = wertvoll) – 15. poleng – 16. melinjo (Nußart) – 17. sawut (Blattader) – 18. cecek sawut – 19. cacah gori (c. = Kerbe, g. = Jakfrucht Artocarp. integri-fol.) – 20. rambutan (rambut = Haar) – 21. blarak sahirit (trockenes Kokos-blatt) – 22. sawut (Blattnerv) – 23. sra-weyan (aufgeschnürt) – 24. ukel (Spi-rale).

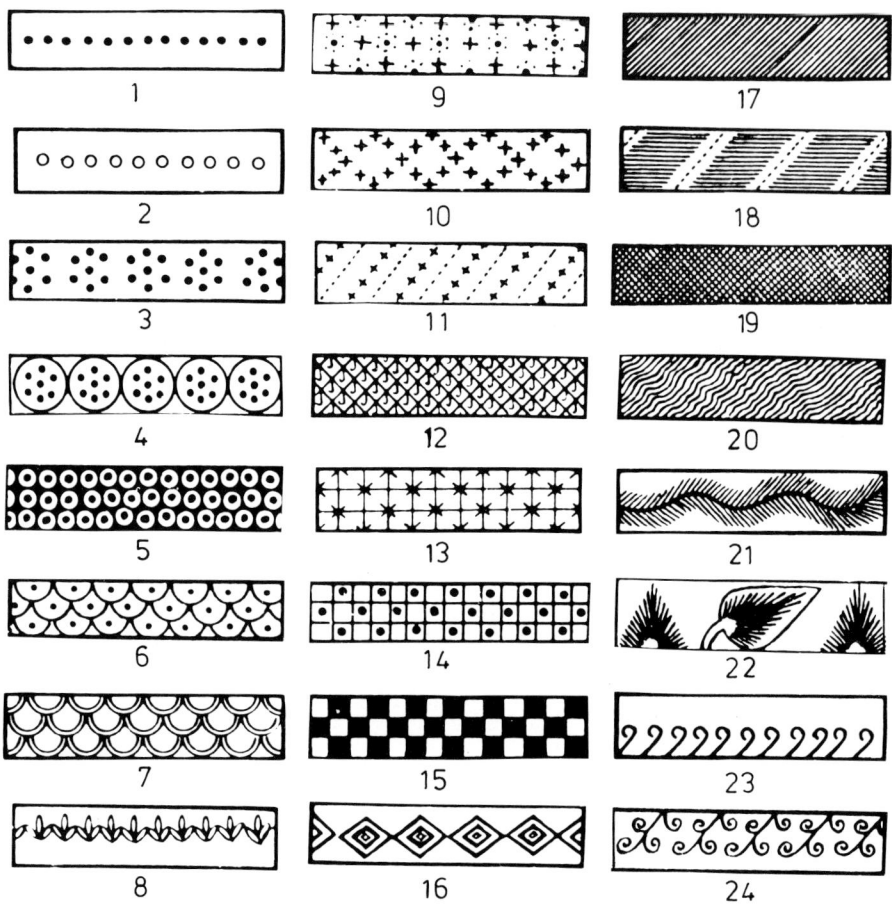

3.2.4. Füllmuster ,,Isen"

Die Füllmuster sind in der Hauptsache Mittel zur Strukturie-rung bildlicher Darstellungen (z. B. der Semenmotive).

Einige Grundmuster:

a) Punktmuster
   ,,cecek-cecek" (Einzelpunkte in Reihen, Gruppen oder gestreut)
   ,,cecek-pitu" = Gruppe von 7 Punkten

b) Parallele Linien
   ,,Galaran" = pralle Linien
   ,,Sawut" = kurze gerade Linien, gefiedert

,,Rambutan" = parallel gewellte Linien wie Haar (Rambut = Haar)

c) kreuzende Linien
   ,,Cacah Gori" = diagonal schraffiert (cacah = Kerbe, Gori = Jakfruit)
   ,,Kembang Pepe" = senkrecht kreuzende Linien mit diagonalem Kreuz auf den Kreuzungspunkten (Blumen-name)
   ,,Sirapan" = diagonal kariert wie Dachziegel
   ,,Poleng" = Schachbrett

d) Spiralen
   ,,Ukel" = jav. Locke
   ,,Cantel" = Haken

64

Tafel V: Teil eines Kains „Giri Kencana" von Sumiharjo aus Yogyakarta. M: ca. 1:4,5. S. benutzt Fragmente aus traditionellen Mustern für seine oft farbenfreudigen Tücher. Durch Verwendung der unterschiedlichsten Füllmuster „Isen" wirken sie elegant. – Sumiharjo begründete mit Bambang Oetoro, Bagong Kussudiarjo, Sulardjo und Amri Yahya die Loslösung der Technik von der reinen Kleiderverzierung; sie wählten Batik als Mittel zur Bildgestaltung.

e) Schuppen
   „Sisik" = Schuppe
   „Sisik Melik" = Schuppe aus Doppelbogen
   „Geringsing" = Schuppe mit dunklem Zentrum

f) Kreuzmuster

(JASPER & PIRNGADIE, 1916, S. 56–57)

Einigen dieser Motive kommt als Hintergrundfüllung Bedeutung zu. „Geringsing", ein Schuppenmotiv mit einem zentra-len dunklen Punkt, ist das älteste Batikmuster, das als solches erwähnt wird (ROUFFAER, 1914). Es wird gelegentlich als Füllmuster für kleinere Figuren verwendet, meistens bildet es jedoch den Hintergrund für größere Einzelfiguren. Das Muster wird als Nachahmung einer Leguanhaut angesehen (JASPER & PIRNGADIE, 1916). Die Namensgleichheit mit dem berühmten Doppelikatgewebe aus Tenganan/Bali hat zu vielen Spekulationen über eine gemeinsame Heimat Ostjava geführt. Fest steht nur, daß beide Tücher magische Verwendung fanden, um Böses und Krankheit abzuwenden (sing = nicht, gering = krank) s. Tafel III.

Tafel VI: Semen ,,Sido Luhur Ukel Latar Putih"; traditioneller Kain von Winotosastro, Yogyakarta, 1973. M.: 1:6.

,,Ukel", ein Spiralmotiv, bildet den Hintergrund für das ,,Sido Mukti" und andere Semenvariationen.

Semenmuster können je nach Verwendungszweck und dem Geschmack des Trägers die verschiedensten Hintergrundmuster haben, die Teil des Musternamens werden. Z. B. bedeutet ,,Semen Sido Asih Latar Putih", daß das Muster Semen Sido Asih auf einem weißen Hintergrund steht (Latar=Fond, putih= weiß). ,,Latar Ireng" wäre schwarz bzw. dunkel (Ireng oder Hitam = schwarz). Auch die Dichte einer Punktierung des Hintergrundes kann bezeichnet sein, da sie den Charakter

des Musters sehr verändert. Vgl.: ,,Mrutu Sewu" (1000 Mücken), bei dem die Konturen des Musters dicht von winzigen Punkten ,,umschwärmt" werden und ,,Tetel", dessen Hintergrund gleichmäßig mit einer dichten Punktierung versehen ist, was den dunkelblauen Hintergrund hellblau erscheinen läßt. Bei hellem Hintergrund unterscheidet man zusätzlich noch, ob die Fläche frei von Füllmustern (,,Bledak") ist oder nicht; also: ,,Semen Sido Asih Latar Putih Bledak" sagt aus, daß der Hintergrund (strahlend) weiß ist im Gegensatz zu ,,S. S. A. Latar Putih Ukel", bei dem braune Spiralen den weißen Hintergrund bedecken.

66

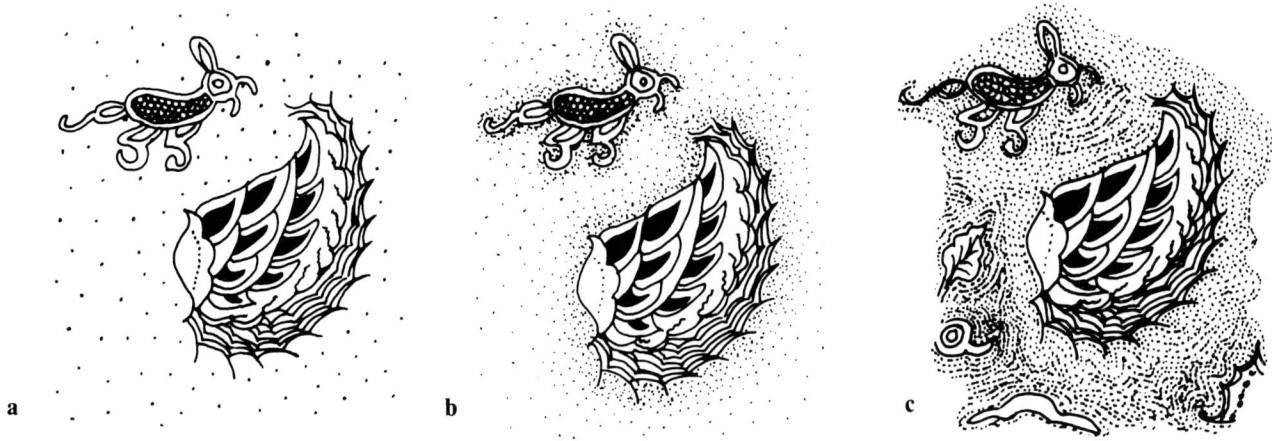

Abb. 37: Getupfter Hintergrund, verschiedene Typen: a) Cuwiri, b) Mrutu Sewu (1000 Mücken), c) Tetel (dicht besetzt).

3.2.5. Randverzierungen „Pinggiran"

Beim klassischen Kain Mitteljavas spielte die Randgestaltung eine untergeordnete Rolle. Er hatte einfache weiße Ränder, „Seret", die durch Abdecken mit Wachs entstanden. Nur bei „Nitik"-Mustern wurde das Tuch mit einem gemusterten Rand versehen. Im Gegensatz dazu war bei „Dodot" (Staatskleid des Adels), „Iket Kepala" (Kopftuch), „Kemben" (Brusttuch) und „Selendang" (Schultertuch) das Hauptfeld und das einfarbige Zentrum „Tengahan" von charakteristischen Bordüren begrenzt. Beim „Iket Kepala" und manchmal auch beim „Dodot" ist das weiße Mittelfeld „Blumbangan" (= Teich), das beim Drapieren teilweise nach innen gekehrt ist, von flammenförmigen Figuren „Cemukiran" eingerahmt, deren Spitzen in das weiße Feld ragen. Große Cemukiran-Motive mit einer breiteren Bordüre an ihrer Basis werden mit „Modang" bezeichnet. Sie kommen hauptsächlich an Kopftüchern, aber nie an „Dodots" vor (JASPER & PIRNGADIE, 1916); an anderer Stelle steht „Modang" jedoch für das eingerahmte Mittelfeld selbst und „Blumbangan" nur für solche Mittelstücke, die eine geradlinige Begrenzung haben (ROUFFAER & JUYNBOLL, 1914). Wie in vielen anderen grundsätzlichen Fragen widersprechen sich die beiden Standardwerke über Batikkunst auch hier.

Die Außenränder von „Ikets", „Kembens" und „Selendangs" sind von Palisadenmotiven und von Fransenimitationen einge-

faßt. Die dadurch in den Ecken entstehenden Quadrate „Poncot" sind mit Stern- oder Rosettenmotiven gefüllt.

Von großer Bedeutung sind Randgestaltungen bei Batiken der nördlichen Küstenregion. Beim „Kain" (offenes Hüfttuch) sind Bordüren nur an den kurzen Seiten und an der Unterkante ausgeprägt. Der „Sarong" (Köchertuch) dagegen bietet zusätzlich viele Möglichkeiten der Randverzierung, da die beiden unterschiedlichen Musterbereiche „Badan" (Körper) und „Kepala" (Kopf) durch Bordüren, sog. „Kemada", gegeneinander abgegrenzt sind. Die Art solcher Bordüren kann Aufschluß über den Herstellungsort geben. Im europäisch beeinflußten Pekalongan und in Ostjava/Madura bilden Blumenranken den Abschluß und die Trennlinien in den Buketantüchern, während „Lokcan"-Muster der westlichen Nordküste fast ausschließlich mit geraden Borten und „Tumpal"-Reihen kombiniert sind (s. Abb. 44a).

Das größte und vielleicht interessanteste Randmotiv ist das „Tumpal", ein großes spitzwinkliges Dreieck, das für eine Nachahmung von Fransen an „Fujas" (geklopfte Baststoffe, die im pazifischen Raum verbreitet sind) gehalten wird. (NOUHUYS, 1929). Manche Quellen (WAGNER, 1959) sehen in ihm auch die Verkörperung einer Ahnenfigur oder einen stilisierten Bambusschößling und damit ein Fruchtbarkeitssymbol. Man vergleiche hierzu „Tumpang" = Reisberg, ein Gericht, das z. B. bei Hochzeiten serviert wird. Auf die

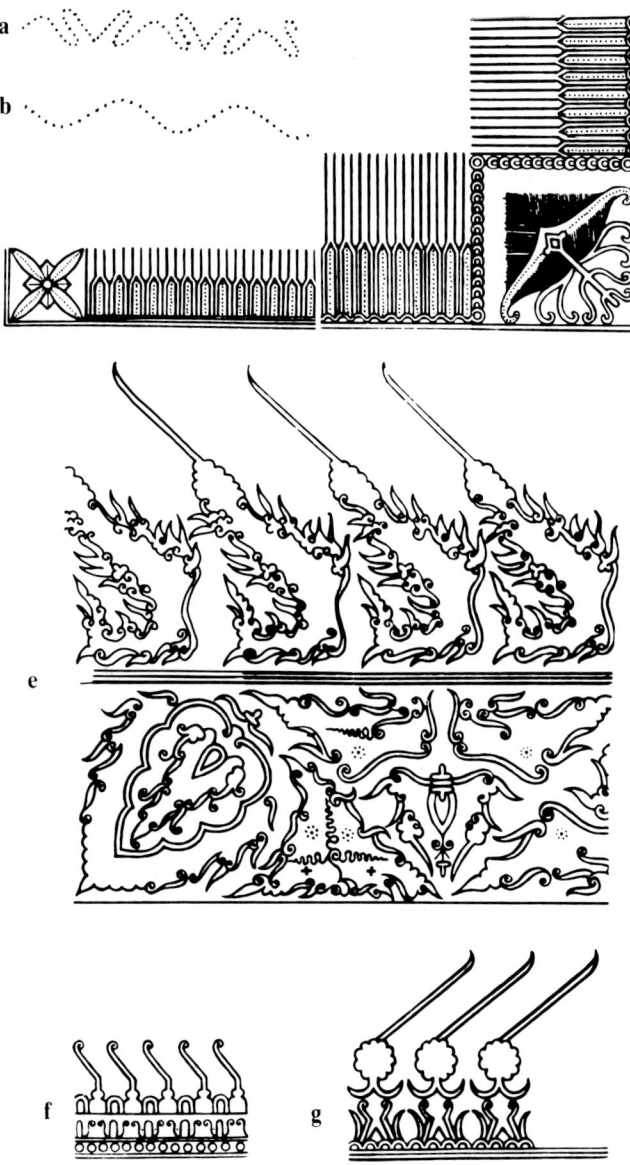

Bedeutung des „Tumpal"-Motivs bei der Beschneidungsfeier und auf einen Zusammenhang des Motivs mit dem Phallussymbol und damit der Geschlechtlichkeit weist KIFFMEYER 1980 hin. Keine dieser Versionen konnte bis heute bestätigt werden. Wahrscheinlich handelt es sich um ein „Urmotiv", das im ganzen Südseeraum als Zierelement an Textilien und Bildwerken in allen Techniken vorkommt.

Im Laufe der Zeit haben sich viele Variationen des Motivs herausgebildet. Das einfach verzierte helle Dreieck auf unverziertem dunklen Grund darf man wohl als das ursprüngliche ansehen. Die einfache Reihe mit geradem Bordürenabschluß zum „Badan" hin entspricht sehr gut der „Fransentheorie" NOUHUYS'. Batiken dieses Typs findet man heute noch in Indramayu/Westjava. In anderen Orten wurde der dunkle Untergrund nach und nach immer mehr in das Muster einbezogen, so daß bei manchen Kepalas kein Fleck mehr ungemustert ist (s. Tafel XXI). Sternmotive zwischen den Tumpals findet man auch auf broschierten Geweben Südsumatras und Vorderindiens. Diese waren sicher Vorbilder für diese erst später auf Tumpalbatiken auftauchenden Füllmotive (ROUFFAER & JUYNBOLL, 1914).

Auffällig ist die Ähnlichkeit mit den Motiven auf Baststoffen der Toraja in Celebes (vgl. BODROGI, 1972, Abb. 59, GITTINGER, 1979) und der Fiji-Insulaner (S. IONS, 1967, S. 47). Auf ihnen erscheint nicht nur das Tumpalmotiv allein, sondern meistens in Verbindung mit Mustern, die auch auf Batiken neben Tumpalreihen stehen. Über die Bedeutung dieser auf fast allen Tumpalbatiken auftretenden Musterstreifen aus quadratischen und Kreiselementen gibt keine Quelle Auskunft. Sogar die täglich mit der Herstellung solcher Sarongs beschäftigten Leute wußten nur zu sagen, „daß so eine Bordüre zum Kepala gehört". Die erwähnten Musterstreifen aus quadratischen Elementen, die eine Tumpalreihe zu den Webekanten eines Sarongs hin abgrenzen, ähneln außerdem den breiten gemusterten Webekanten von Ikat- und Brokattüchern aus dem weiteren indonesischen Archipel. Die Kettfäden dieser Webekanten sind oft zu einer Quaste zusammengefaßt. Ebensolche Fransen- bzw. Quastenelemente sind auch an den Enden der entsprechenden Batikbordüre angedeutet. (Vgl. Abb. 44). Die Entstehung des Sarongs mit Kepala stellt man sich durch Zusammenfügen der tumpalgeschmückten

Abb. 38: Randverzierungen „Pinggiran" (nach JASPER): a) Kelak keling (Brezel), b) Bengkok (Wellenlinie) nach Tritikmustern, c) Rand (Pengada) und Ecke (Poncot) eines Iket Kepala, d) Rand und Ecke eines Selendang, e) Modang mit Basis (Solo-Typ), f) Cemukiran (Ostjava), g) Cemukiran (Yogyakarta-Typ).

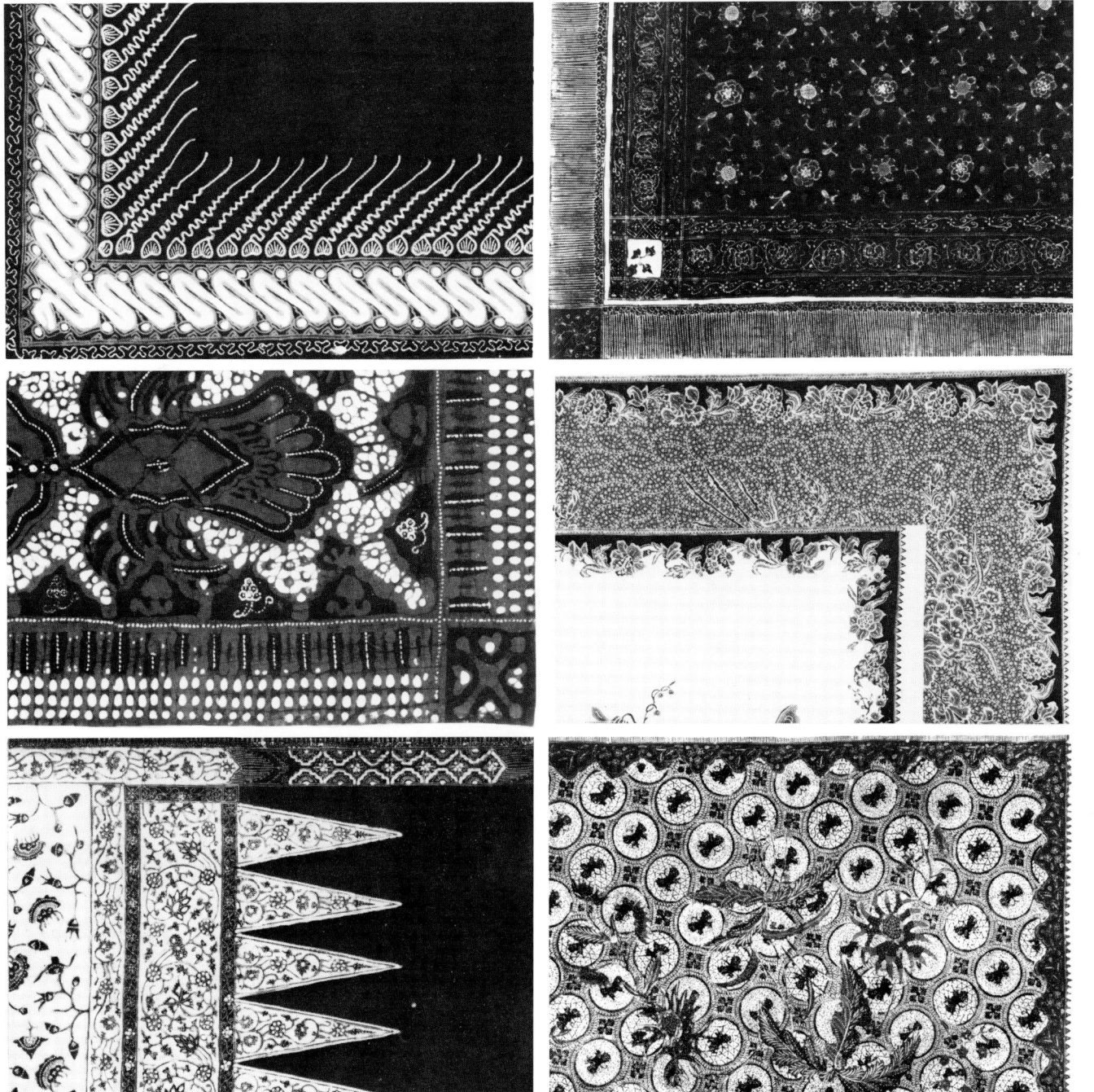

Abb. 39: Randverzierungen an verschiedenen Batiken: a) Ecke eines Iket Kepala mit Modang auf Parangbasis, Yogyakarta; ca. 1:4, b) Ecke eines Iket Kepala mit Pengada (Cirebon nach Vorbild aus Sumatra), ca. 1:4,5, c) Ecke eines Kemben mit Semenmuster (Yogyakarta), ca. 1:2,5, d) Helle und dunkle Ecke eines Kain Pagi/Sore von Oey Soe Tjoen, Kedungwuni/Pekalongan, 1980, ca. 1:7, e) Kepala Tumpal eines antiken Kain Lokcan aus Cirebon, ca. 1860, M. ca. 1:7, f) Untere Ecke eines Kain Tiga Negeri, ca. 1900, M. ca. 1:10.

Enden eines Ikatgewebes vor. Bei Webtechniken mit Endloskette z. B. bei den Iban auf Borneo oder den Toraja auf Celebes entstanden Doppeltumpalreihen automatisch und können Vorbild gewesen sein. Normalerweise war zwischen den Spitzen der Tumpals der Trennschnitt vorgesehen. Bei einem Batiksarong liegt die Naht nicht an dieser Stelle, sondern meistens in der Nähe des Kepala im Badan, damit sie beim Drapieren in einer Falte verschwindet.

Abb. 40: Geklopfte und bemalte Baumbaststoffe „Fuja" aus Sulawesi und „Tapa" aus Samoa: a) Kopftuch der Toraja (Sulawesi), Völkerkundemuseum Frankfurt am Main, Inv.-Nr. 12924, b) dto., Inv.-Nr. 12922, c) Fujajacke der Toraja, Rijksmuseum voor Volkenkunde, Leiden, Inv.-Nr. 2522/3b, d) Ecke einer bemalten Tapadecke (1,23 m × 1,58 m) aus Samoa, Völkerkundemuseum Frankfurt am Main, Inv.-Nr. 34745.

a

b   c   d   e

Tafel VII: Randgestaltungen ,,Pinggiran`` an Kains verschiedener Provenienz: a) Gesamtansicht eines Kain Pasisiran mit zwei Kepalas ,,Piring Aji`` (wertvoller Teller); Vorbild: chin. Porzellan; Kain von Masina/Trusmi-Cirebon, 1980. 2,5×1 m; b) Madura, kurze Tumpals; c) Tiga Negeri (3 Länder) s. a. Tafel XXI; d) Banyumas/Pekalongan mit typischer Buketankante; e) Garut, Markenzeichen der Manufaktur; M: 1:4.

71

Tafel VIII: Teil eines Kain Panjang. „Buketan" mit Galaran-Hintergrund (Höhe ca. 106 cm); Pekalongan ca. 1920. Sammlung Smend. M.: ca. 1:6.

Tafel IX: Kepalas von alten Sarongs aus Pekalongan um 1920; Höhe 107 cm; Sammlung Smend: a) mit Buketan-Motiv (Badan: „Taman Burung" = Vogelpark); im Kepala signiert: „Liem Toan Tjoe"; eine zweite überwachste Signatur „E. van Zuylen" befand sich im hellen Badan von der Rückseite lesbar. Vielleicht sollte das Stück damit aufgewertet werden? b) Original E. van Zuylen (Signatur im mittleren blauen Streifen); im Badan Lotosblüten auf rotem Grund. Vergl. (SMEND, 1981).

3.3. Batiken der Nordküste Javas, „Pasisiran" oder „Pesisiran"
(Pasir = Sand, Pasisir = Strand, Küste)

Die javanische Nordküste war immer der Berührung mit fremden Kulturen ausgesetzt, was sich auch bei den Batiken bemerkbar macht. Sie zeigen in leuchtenden Farben figürliche Darstellungen, die mit den streng stilisierten Mustern Mitteljavas nichts gemein haben. Auch hier haben sich unterschied-liche Typen herausgebildet. Im allgemeinen sind Pasisiranbatiken recht farbenfreudig. Im Gegensatz dazu stehen die an zartes Porzellan erinnernden blau/weißen Tücher, die chinesischen Frauen als Trauerkleidung dienen.

3.3.1. Buketan

Schon der Name „Buketan" weist auf europäischen Einfluß hin. Naturalistisch gezeichnete Blumensträuße, von Vögeln und Schmetterlingen flankiert, waren Ende des 19. Jh.s große

Tafel X: Kain Pagi/Sore im Hokokai-Stil (ca. 105×225 cm); Nordküste um 1943; Sammlung Smend.

Mode bei den holländischen Damen in Java, die sich vor den symbolischen Batiken Mitteljavas fürchteten. Als Vorlage für diesen „neuen Stil" mögen Gemälde der alten Meister gedient haben oder die im 17. Jh. beliebten Herbarien (KAHLENBERG, 1979).

Besonders geschätzt waren die Erzeugnisse von Elisabeth van Zuylen, die bis 1946 eine Werkstatt in Pekalongan unterhielt. Ihre Batiken zeichneten sich durch besonders feine Zeichnung und ausgewogene Farben aus (deRAADT-APELL, 1980). Einige chinesische Werkstätten arbeiten heute in ihrem Stil. Die bekannteste ist die von Oey Soe Tjoen in Kedungwuni, die inzwischen auf den Sohn übergegangen ist. In der kleinen Werkstatt wird fast nur auf Bestellung gearbeitet; man muß bis zu einem Jahr und länger warten und erhält dann ein Stück von ausgesuchter Qualität.

Stilistisch beeinflußt waren die Batiken der vierziger Jahre von den Japanern, für die während der Besatzungszeit (1942–45) viel gearbeitet wurde. Sie sind unter dem Namen „Batik Java Hokokai" bekannt geworden und zeichnen sich durch besonders feine Details aus – nicht zuletzt verursacht durch die

kriegsbedingte Materialknappheit, derzufolge oft viel länger als gewöhnlich an einem Stück gearbeitet wurde (s. Tafel X).

Häufig sieht man Batiken dieses Typs, bei denen das Blumenmotiv auf einen klassischen Hintergrund gesetzt wurde, z. B. „Kawung" oder „Parang". In diesem Fall muten die Buketts weniger europäisch an, andererseits nehmen sie dem Hintergrund die javanische Strenge.

3.3.2. Terang Bulan Pasisiran

Unter „Terang Bulan" (Mondschein) verstand man früher Muster aus der Semengruppe, – stilisierte Vogeldarstellungen – auf einem Hintergrund, der durch parallele Wellenlinien gebildet wurde (JASPER & PIRNGADIE, 1916). Die Wellenlinien mögen den Eindruck mondbeschienener Flächen erweckt haben (s. 3.2.2.3. Buketan und . . .). Heute verbindet man mit diesem Namen Batiken, die wenige Motive auf meist einfarbigem Hintergrund zeigen. Die Randverzierung spielt bei Batiken dieses Typs eine große Rolle. Oft besteht ein Terang Bulan nur aus einer sich nach innen verlierenden Randverzierung.

74

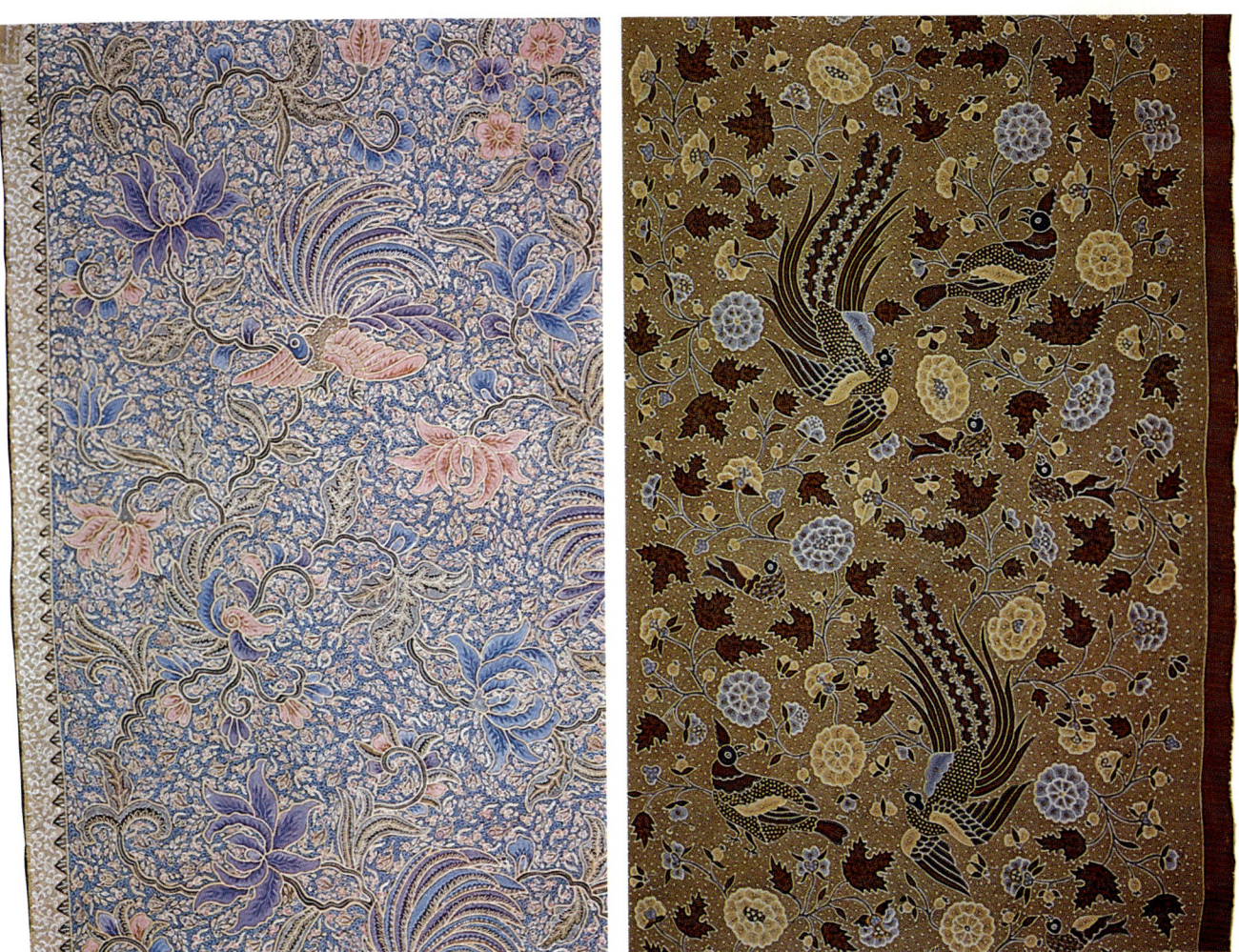

Tafel XI: Neue Kains im Hokokai-Stil aus Pekalongan, 1977−80. a) Oey Soe Ing, M: 1:10; b) Oey Soe Tjoen, M: 1:6.

3.3.3. Lokcan

Muster dieser Gruppe zeigen eindeutig chinesischen Einfluß. Auch der Name kommt aus dem Chinesischen und bedeutet etwa: ,,Blaue Seide" (Lo(k) = blau; Can = Seide). Phönixvögel und andere Fabeltiere stehen auf einem Blütengrund. Ein heller Hintergrund ist manchmal von dunklen Tupfen übersät; diese entstehen durch Nadelbretter, mit denen die gewachste Fläche durchstochen wird, damit der Farbstoff eindringen kann (,,Cocokan" von ,,cocok" = Nadel). Die Lokanmuster wurden früher tatsächlich auf seidene Sarongs und Slendangs gebatikt (s. 2.1.1.), aber die Verfahren sind zum größten Teil verlorengegangen. Auf manchen Batiken dieser Gruppe findet man Fabeltiere und Ornamente, wie sie von chinesischem Porzellan bekannt sind, z. B. ,,Piring aji" (= Wertvoller Teller; piring = Teller, Tafel VII). Ein Kain oder ein Sarong im Lokanstil ist fast immer mit den für den Herstellungsort typischen Bordüren und Rändern geschmückt; Näheres s. 3.2.5. Randverzierungen.

75

Tafel XII: „Perang Lombok" (P. = Krieg, L. = Insel östl. v. Bali); Badan eines Sarongs von E. van Zuylen, Pekalongan um 1920; M.: 1:8. Der Kampf zwischen den holländischen Kolonialherren und den verschiedenen indonesischen Völkern ist oft als Batikmotiv verwendet worden. Während die Holländer mit Bajonetten dargestellt sind, erscheinen die Einheimischen mit Stöcken bzw. Schwertern. Sammlung Smend.

Tafel XIII: ,,Schneewittchen und die Zwerge'' (Ausschnitt, M.: 1:9; Gesamtgröße 223×106 cm), der Hintergrund ist mit einem Mattenflechtmuster bedeckt; Pekalongan um 1900; Sammlung Smend.

3.3.4. Szenische Darstellungen

Das Verbot des Islams, Menschen im Bild darzustellen, galt nicht für die Chinesen und Europäer, die entweder Buddhisten oder Christen waren. Und so entstanden neben den Kains mit den beliebten Schattenspielfiguren bald solche, auf denen sich ganze Theaterstücke abzuspielen scheinen. Häufig waren Militärparaden oder andere Szenen aus dem täglichen Leben der Kolonialherren dargestellt. Von Nichtjavanen wurden die sonderbarsten Themen für eine Batik in Auftrag gegeben. Es gab praktisch keine Situation, die sich nicht in Batiktechnik umsetzen ließ. So fanden auch technische Neuerungen Eingang in die Batikmuster. Es stand jedem frei, sich eine Inventarliste z. B. seines Maschinenparks anfertigen zu lassen (s. WARMING & GAWORSKI 1981, Fig. 146). (Tafeln XII, XIII).

Tafel XIV: ,,Mega Mendung" (Regenwolke); typisches Muster aus Cirebon, Teil eines Kains; M.: 1:4.

3.3.5. Cirebon

Unter den ,,Pasisiran" haben Cirebonbatiken eine Sonderstellung. Neben den Lokcans und Porzellanmustern findet man großformatige Szenerien mit Pflanzen und Fabelwesen in Landschaften, in denen die chinesischen Motive ,,Mega Mendung" (jav. = Regenwolke) und ,,Wadasan" (jav. = Felsen) als Bauelemente verwendet worden sind. Das ursprüngliche ,,Mega Mendung" zeigt blaue Wolkenmotive in monochromer Farbabstufung (wie man sie heute noch an balinesischen Skulpturen findet) auf rotem oder dunkelblauem Grund. Im ,,Wadasan" sind die Formen abgerundet, während sie im ,,Mega Mendung" spitze Ecken zeigen (s. Tafel XIV). Neben dem ,,Mega Mendung" hatten die Fürsten von Cirebon ein weiteres Familienmuster, das ,,Wolken"- und ,,Fels"-Elemente enthält: das ,,Gangga Mina" (Gangga = Ganges; Mina

= Fisch). Dieser ,,Gangesfisch", ein krakenförmiges Gebilde, steht als schwarzes Motiv auf rotem, schwarzgeädertem Hintergrund. Ebenso stilisiert enthält dieses Muster oft den Elefanten, in dem man ,,Ganesha", den indischen Gott der Weisheit verehrte (VELDHUISEN-DJAJASOEBRATA, 1972, Abb. 44, 46). Rüssel und Schwanz der aus Felsmotiven aufgebauten Figur entarten zu Ranken und Drachenköpfen.

Wolken- und Felsmotive sowie stilisierte Tiere mit denaturalisierten Köpfen und Gliedmaßen sind auch Bestandteil der schon erwähnten Landschaftsbatiken, deren Vorbilder die Palastgärten von Kesepuhan, Kanoman und Sunyaragi sind. Während ,,Kesepuhan" (Schloß des älteren Prinzen; Sepuh = alt) und ,,Kanoman" (Schloß des jüngeren Prinzen; Anom = jung) ständig bewohnt waren und noch sind, war Sunyaragi ein Lustgarten außerhalb der Stadt, der der Meditation und Ruhe diente.

Abb. 41: Cirebonmotive (1:3): a) Taman Trate (T. = Garten, Trate = Lotos), b) Peksi Naga Liman (P. = Vogel, N. = Schlange, L. = Elefant), c) Balongan (Sumpfgelände), d) Singa Payung (S. = Löwe, P. = Schirm).

79

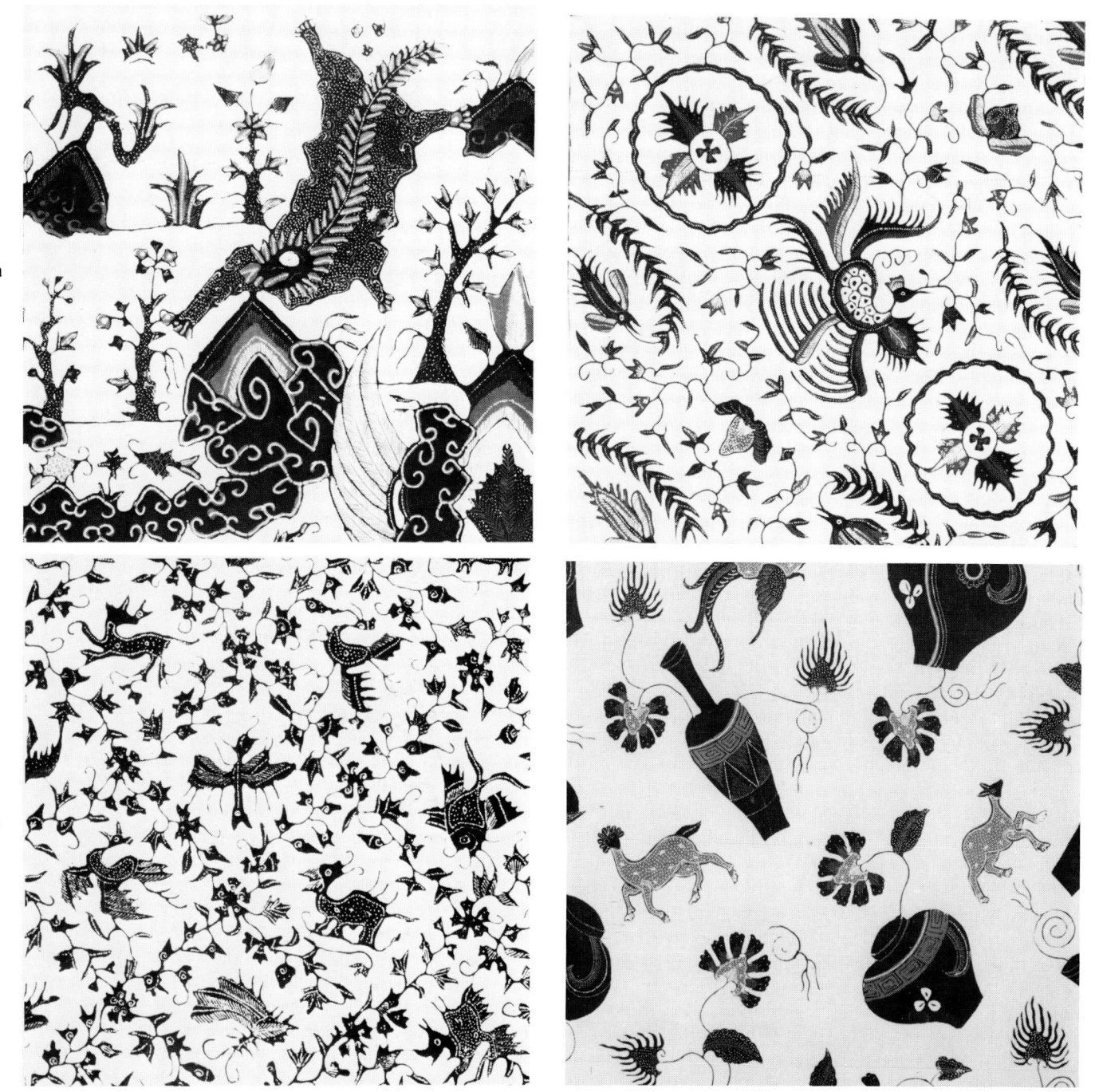

Abb. 42: Cirebonmotive (1:3): a) Taman Geledeg (T. = Garten, G. = Donner), b) Gelinding (Rad), Lokcanvariation, c) Sato Kurung (S. = Tier, K. = Käfig), d) Seltenes Gartenmotiv.

80

Abb. 43: Sawat Penganten (P. = Brautleute), Zentralmotiv: Lebensbaum, vgl. Semen Sido Asih; Hochzeitskain der Familie Masina aus Trusmi/Cirebon, 1978.

Tafel XV: „Sunyaragi" (Name eines antiken Lustgartens außerhalb Cirebons); Kain mit einseitigem Tumpal-Kepala. – Masina, Cirebon, 1974. M.: ca. 1:7.

Die Geschichte Cirebons erklärt dieses Nebeneinander von chinesischer Ornamentik, althinduistischer Malweise (monochrome Farbabstufung) und islamischer Verfremdung von Tierdarstellungen. Im 15. Jahrhundert begründeten westjavanische Fürsten das islamische Sultanat Cirebon. Von hier versuchte „Sunan Gunung Jati" China zu missionieren. Seine Mission schlug zwar fehl, aber eine Tochter des Kaisers von China folgte ihm nach Cirebon, um ihn zu heiraten. Auf ihren Schiffen brachte sie Hausgerät und Kunstgegenstände mit. Ihre Gefolgsleute ließen sich größtenteils in Cirebon nieder und bauten später zu Ehren der bald verstorbenen Kaisertochter den Lustgarten „Sunyaragi" (s. Tafel XV).

Nach einigen Generationen wurde das Sultanat unter den „älteren" und den „jüngeren" Prinzen aufgeteilt. Noch heute sind die ursprünglichen Paläste von den Nachkommen bewohnt und können besichtigt werden. An den Mauern ist deutlich der Einfluß der chinesischen Einwanderer sichtbar. Putzreliefs in Form von Tierfiguren und Wolken/Felsmotiven beherrschen das Bild und vielerorts sind Porzellanteller der Ming-Dynastie eingemauert. Im Marstall begegnen dem Besucher Kutschen und Sänften, die mythische Tiere darstellen. Sie bilden das Hauptmotiv neuerer Batiken. Das bekannteste Muster dieser Art ist: ,,Peksi Naga Liman‟, die Nachbildung des gleichnamigen Gefährts, in dem der Sultan anläßlich Mohammeds Geburtstags durch die Stadt geführt wurde. (Peksi = Vogel, Naga = heilige Schlange, Liman = jav. für Gajah = Elefant, Sinnbild für den elefantenköpfigen Gott Ganesha). Das dargestellte Fabeltier ist eine Mischung aus Vogel (Flügel), Schlange (Schuppenkörper) und Elefant (Kopf mit Rüssel, der eine speerähnliche Waffe hält); es symbolisiert das Zusammenwirken von Himmel, Erde und Unterwelt. Eine Variation dieses Typs bilden die Gartendarstellungen, die auf die schon erwähnten Palastgärten und Ruheplätze des Sultans zurückgehen. Die Tiere, die sich zwischen Lauben und Pflanzen tummeln, haben statt der Köpfe Blüten oder Blätter, eine Konzession an den Islam. Daneben findet man auch klassische javanische Batikmuster wie Parang und Semen in eigenständiger Stilentwicklung. Sie sind meistens mit Tumpal-Abschlüssen kombiniert (s. auch 3.2.5. Randmotive).

Um die Wiederbelebung der alten Batiktradition Cirebons hat sich die Familie Masina in Trusmi in Zusammenarbeit mit Iwan Tirta (amidjaja) verdient gemacht, indem sie Anfang der 70er Jahre die traditionellen Muster wieder hervorholte und für den Verkauf nacharbeitete.

3.4. Verwendung von Batik – einst und jetzt

Die Verwendung von Batik ist heute vielseitiger geworden. Neben den immer noch beliebten traditionellen Anwendungsformen als ,,Kain‟ etc. werden Batikstoffe zu modernen Dekorations- und Kleidungsstücken verarbeitet.

Wenn man heute einen klassischen Batikstoff verwendet – sei es als Wandschmuck oder als Kleidung – sollte man darauf achten, daß das Muster ,,richtig läuft‟. So sollte ein Parang-motiv immer so gezeigt werden, daß die ,,Parang‟-Spitzen hängen, denn so wurde das Muster konzipiert.

Bei den ,,Semen‟-Mustern scheint es manchmal nicht ganz einfach zu sein, zu entscheiden, wo oben und unten ist. Zu oft sieht man auf Abbildungen den Garuda kopfstehen. Die Flügelspitzen sollen in der Regel nach oben zeigen. Noch eindeutiger verlangen Merus die richtige Orientierung – mit der Wölbung nach oben. Ist ein Muster so angelegt, daß die Garudas einmal diese einmal jene Richtung haben, so wird der Meru mit ganz wenigen Ausnahmen nur nach einer Seite ausgerichtet sein; und dementsprechend sollte man das Stück anordnen bzw. es benutzen.

3.4.1. Traditionelle Kleidung

Einige der traditionellen Kleider werden heute bei Festlichkeiten ebenso getragen wie früher, einige haben sich verändert oder sind nur noch als Tanzkostüm zu sehen. Andere dagegen sind nach wie vor als Hauskleidung sehr beliebt.

In den Städten setzt sich in der Öffentlichkeit immer mehr europäisch geschnittene Kleidung durch, die oft aus Batikstoffen gefertigt ist. So ist es üblich geworden, bei Empfängen statt der Nationaltracht – bestehend aus den nachfolgend beschriebenen Kleidungsstücken – modische Abendkleider und Jakken aus Batikstoffen zu tragen. In ländlichen Gegenden und im traditionsbewußten Mitteljava geht dieser Wechsel langsamer vor sich.

Das am meisten typische javanische Kleidungsstück ist der ,,Kain panjang‟, das offene Lendentuch (jav. = langes Tuch), das für Männer auch ,,Bebed‟ oder ,,Nyamping‟, für Frauen auch ,,Tapih‟ genannt wird. Frauen wickeln das ca. 1×2,5 m große Tuch 1–2mal straff um den Unterkörper, so daß die Figur deutlich abgezeichnet ist, legen den Rest des Stoffes vorn in 2,5 cm breite Plisseefalten (,,Wiron‟) und befestigen es in der Taille mit einem ca. 5 m langen, festen Gurt (,,Setagen‟) von 15 cm Breite, indem sie diesen von der Hüfte bis unterhalb der Brust fest wickeln. Dieses unbequeme Band ist heute vielfach ersetzt durch einen elastischen Gürtel oder (sehr unschön) durch eine europäische Corsage. Bei der Hausarbeit oder für den Gang auf den Markt wird der Kain nur lose gewickelt (Ende vorn links über rechts), und die ,,Wiron‟ entfallen.

Der Mann wickelt den Kain in entgegengesetzter Richtung, legt ihn vorn in ca. 7 cm breite Falten und befestigt ihn mit einem Gürtel (,,Sabuk''), in dem hinten der ,,Kris'' steckt.

Der Kain ist normalerweise durchgehend gemustert und hat keine Zierkanten. Ausnahmen bilden solche, die außerhalb der sog. Fürstenlande Solo und Yogyakarta entstanden sind (s. 4. Provenienzen und 3.2.5. Pinggiran). Dunkelgrundige Tücher (,,Latar hitam'') trägt man zur Tageszeit, während hellgrundige (,,Latar putih'') für den Abend bestimmt sind. Eine interessante Kombination beider Typen findet man im ,,Pagi sore'' (pagi = Morgen, sore = Nachmittag). So ein Tuch hat zwei unterschiedlich gestaltete Hälften. Dieser Unterschied kann darin bestehen, daß ein großes Motiv auf dunklem und hellem Hintergrund (negativ/positiv) steht oder, daß zwei ganz verschiedene Muster für die beiden Hälften verwendet wurden. Auf diese Weise hat die Besitzerin zwei Kleider in einem Stück, und das Tuch wird gleichmäßig abgenutzt. Die Teilung ist meistens diagonal vorgenommen, und die großen Motive, wie z. B. Vögel und Blumen, stehen in entgegengesetzter Richtung, so daß das Tuch in jeder Wickelrichtung Fuß und Kopf an der richtigen Stelle hat (s. Abb. 44b).

Der ,,Sarong'' oder ,,Sarung'' (= Köcher), ein zum Schlauch genähtes Tuch ist ein äußerst praktisches Kleidungsstück, das im Gegensatz zum Kain in ganz Südasien verbreitet ist. Er ist aber ein inoffizielles Kleid, das in Mitteljava nicht hoffähig war.

In den Werkstätten an der Nordküste wurde der Batiksarong kultiviert; er gilt heute als typisches ,,Pasisiran''-Produkt. Sein Hauptmerkmal und der wesentliche Unterschied zum Kain ist der ,,Kepala'' (= Kopf), ein andersfarbiger Teil mit vom ,,Badan'' (= Körper-restliches Tuch) abweichendem Muster, der etwa ein Drittel der ganzen Stofflänge von ca. 2 m einnimmt. Das häufigste Motiv eines ,,Kepala'' ist die doppelte ,,Tumpal''-Reihe, die mit den Spitzen gegeneinander steht (s. 3.2.5. Randmotive). Die ältesten Exemplare waren wahrscheinlich zwischen den Tumpals unverziert. Allmählich wurde aber dieser Zwischenraum – evtl. angeregt durch broschierte Sumatrawebereien ,,Songket'' mit Tumpalreihen – immer mehr mit Ziermotiven wie kleinen Sternen oder Insekten und neuen Tumpalreihen zugepflastert (s. Tafel XXI). ,,Tumpal-Kepala'' und ,,Badan'' sind durch mehrere

Bordüren (,,Kemada'') voneinander getrennt. Im Normalfall besteht der Bordürenstreifen aus einem ca. 8 cm breiten Feld ,,Papan'' (= Brett) mit Lokanmotiven, das von einer schmalen Borte umrandet ist. Ein weiterer ca. 3 cm breiter Streifen grenzt an den ,,Badan''. Dieser trägt dasselbe Muster wie die untere und obere Saumbordüre, die nach außen nochmal eine schmale Fransenimitation zeigt. Die Saumbordüre, meistens eine gerade Blumengirlande im Lokanstil, endet bei den Tumpalbasen.

Über dem eigentlichen Kepala ist die Bordüre in Quadrate aufgeteilt, die wie in Zeichnungen auf ,,Fujas'' (geklopfte Baststoffe) ornamentiert sind (s. Schema Abb. 44a und 3.2.5. Randverzierungen).

Neuere Einflüsse haben eine andere Art von ,,Sarong'' hervorgebracht, bei der ein abweichend gemusterter oder gefärbter ,,Kepala'' nur durch eine Blumengirlande oder Bogenkante vom ,,Badan'' getrennt ist. Dieselbe Borte, die an ,,Tritik''-Ränder der weißen Mittelfelder an ,,Dodots'' und ,,Kembens'' erinnert, wiederholt sich am unteren Saum, während der obere Saum manchmal einen geraden Abschluß hat. Elisabeth van Zuylen hat diesen Stil populär gemacht (s. 3.3.1. Buketan, Tafel VIII, IX).

Der ,,Sarong'' wird so getragen, daß eine Kepalahälfte seitlich in einer Falte verschwindet. So wird auch die Naht verdeckt, die ca. 10 cm vom Kepala verläuft. Männer legen vorn eine doppelseitige Falte ein und tragen oft den ,,Kepala'' in ganzer Breite hinten. Der obere Saum wird mit der Falte einige Male nach außen gerollt, und so sitzt der Sarong ohne zu verrutschen. Auf dem Land sieht man den Sarong als wärmende Hülle über den Kopf gezogen, als Badekleid oder als Regenschutz, und überall ist er als bequemer Hausanzug beliebt.

Der Bordürenschmuck des Sarongs wurde auch auf Kains übertragen. Heute fehlt an ,,Pasisiran''-Kains selten Saumbordüre und Kepala an einer oder beiden Schmalseiten; diese Kains haben aber nur jeweils eine Reihe Tumpals wie die gewebten Vorbilder aus Sumatra.

Der ,,Dodot'' (auch ,,Kampuh'' für Männer bzw. ,,Sampur'' für Frauen), das Staatskleid der Fürstenhöfe, wird als Überkleid getragen und ist heute noch bei Hochzeiten oder bei traditionellen Festen zu sehen, bei denen der Fürst aktiv an

a

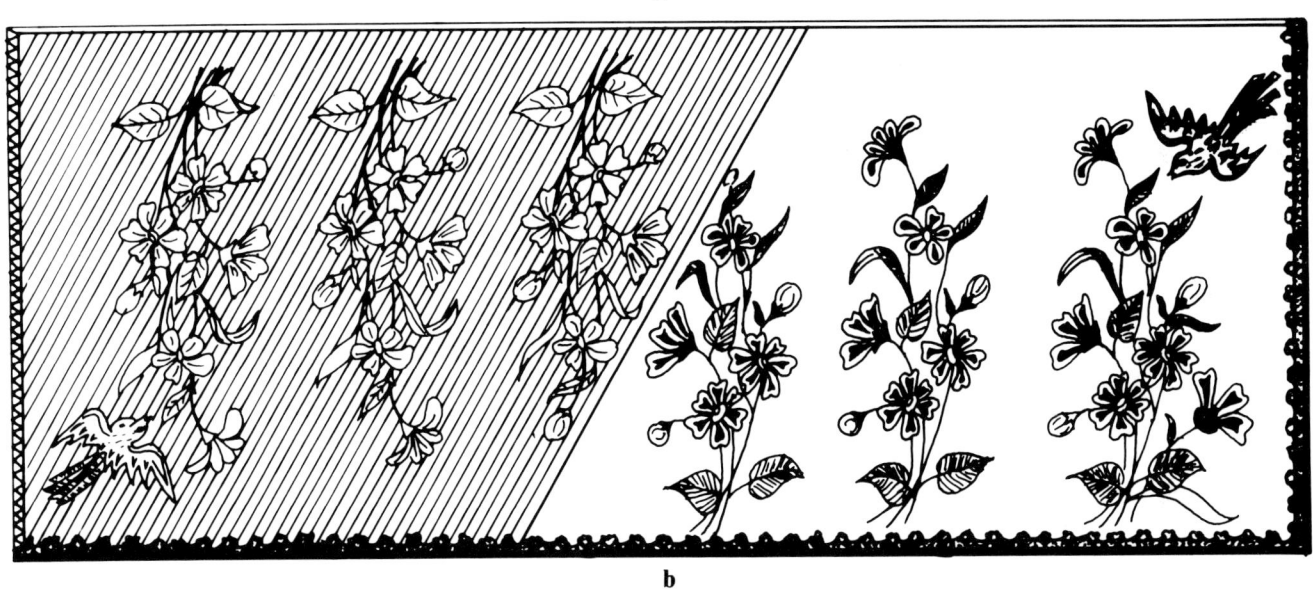

b

Abb. 44: Schema eines Sarongs mit Tumpal-Kepala (a) und eines Kain Pagi/Sore mit Buketanmuster (b); Höhe = 1 m.

den Zeremonien teilnimmt. Das kann z. B. zum „Garebeg" sein, einem Opferfest zu Ehren von „Ratu Kidul", der Göttin des südlichen Ozeans. Der „Dodot" ist ein mit besonderer Sorgfalt gebatiktes Tuch, das ca. 2×4,5 m mißt. Die edelsten Stücke haben ein rautenförmiges oder sechseckiges ungefärbtes Mittelfeld („Blumbangan" = Teich), das in Yogyakarta manchmal von flammenförmigen Batikmotiven „Cemukiran" eingerahmt ist (s. 3.2.5. Randverzierungen). Ist der Rand des Mittelfeldes unverziert, dann spricht man auch von „Bango Butak" (Bango = Reihervogel; Butak = kahlköpfig). Das weiße Mittelfeld wird erhalten durch Abdecken mit Wachs oder durch Zubinden der Fläche mit Bananenblättern (heute mit Plastikfolie) vor dem Färben („Kembangan"-Verfahren; „Kembang" = Blume). Zur Einhaltung der Flächenform wird das Tuch vierfach zusammengelegt und die Grenze des Feldes mit einem Nähfaden fest zusammengezogen, was am fertigen Stück als wellenförmige Linie erscheint. Bei Dodots für die Fürstenfamilie wurde eine kurze Seite durch Ausziehen von Schußfäden mit Fransen und einer ca. 10 cm breiten Hohlnaht versehen (s. Abb. 32).

Zum Drapieren des „Dodots", das auf mehrere Arten je nach Stellung des Trägers und dem Anlaß erfolgen kann, ist immer eine Hilfsperson notwendig, die heute für Hochzeiten engagiert wird (s. 3.4.2.).

Das Brustkleid für Frauen „Kemben" oder „Kasemekan", ein 0,5×2,5 m langer Schal, gehört inzwischen der Vergangenheit an. Ursprünglich war es wohl aus der höfischen Sitte, den Kain oder Dodot bei öffentlichen Festen bis über die Brust hochzuziehen, entstanden. (Mann wie Frau trugen früher den Oberkörper frei außer beim Baden im Fluß oder bei der Hausarbeit). Das Kemben konnte wie der Dodot ein ungefärbtes oder andersfarbiges Mittelfeld haben und war dann wieder nur den Hofangehörigen erlaubt. Das Mittelfeld war entweder rechteckig („Blumbangan") oder rautenförmig („Sidangan") und hatte oft „Cemukiran"-Ränder, während die Außenkanten schmale gerade Borten („Kemada") trugen (ROUFFAER, 1914; JASPER & PIRNGADIE, 1916). Die beiden frühen Standardwerke Rouffaer & Juynboll und Jasper & Pirngadie widersprechen einander bzgl. der Bezeichnung für derartige Mittelfelder und deren Randfiguren. Während erstere „Kemada" nur für spezielle Muster benutzen, sind bei Jasper & Pirngadie alle Randbordüren „Kemada".

Viele „Kemben" werden heute als Schultertuch „Selendang"

verwendet, der dieselben Maße hat. In seiner ursprünglichen Form erscheint es nur noch bei hochoffiziellen Anlässen, wie z. B. dem Besuch der Fürstengräber in Imogiri oder bei höfischen Zeremonien.

Der „Selendang" gehört zur Festkleidung und ist aus einem feinen Material (Batik, Spitze oder Seide in Pelangitechnik verziert). Man trägt ihn nur außerhalb des eigenen Hauses. Für den Gang auf den Markt ist der „Selendang" aus kräftigem Material und eignet sich gut als „Einkaufstasche" oder Kintertrage. Gebatikte „Selendangs" können sowohl ein von einer schmalen Borte umgebenes Muster haben als auch einen „Tumpal"- oder Fransenabschluß an beiden kurzen Seiten. Von der Nordküste kommt die Mode, Kain oder Sarong mit passendem „Selendang" zu tragen. Es ist möglich, daß diese Art Selendang den Platz des Kemben eingenommen hat, das früher passend zum Kain im selben Muster oder auch im Positiv/Negativ-Set getragen wurde. Unentbehrlich ist der „Selendang" als Tanzattribut. Der Tänzer oder die Tänzerin spielt während des Tanzes mit den Enden des am Gürtel befestigten Schals und unterstreicht damit seine bzw. ihre Handbewegungen.

Die „Kebaya" oder „Kabaya", die Jacke, die noch recht neu in der javanischen Tracht ist, ist wahrscheinlich durch europäischen Einfluß entstanden und hat das „Kemben" fast vollständig verdrängt. Sie reicht meistens bis 15 cm unter die Taille und hat lange, enge Ärmel. Die „Kebaya" hat keine Knöpfe, sondern wird mit doppelten, durch Ketten verbundenen Schmucknadeln geschlossen. In Mitteljava ist sie in Brusthöhe mit einem Einsatz zwischen den Verschlußrändern versehen. Als Material hat man leichte Importstoffe wie Spitze, gestickten Voile und für die Hochzeit Brokat und gestickten Samt. Sehr beliebt sind bei manchen großgemusterte bunte Stoffe, die bedenkenlos mit feinsten Batiken kombiniert werden. In Mitteljava bevorzugt man gedecktere Farben und kleinere Muster als in West- und Ostjava. Manchmal werden auch längere „Kebayas" („Kebaya panjang") getragen, die fast bis zum Knie reichen. Zu Pasisiransarongs wurde gern eine „chinesische Kebaya" getragen. Hierbei handelt es sich um eine kurze weiße, mit Durchbruchstickerei verzierte Jacke, deren vordere Verschlußkanten in zwei lang heruntergezogenen Spitzen enden. Und neuerdings trägt man auch Sets aus „Sarong", „Kebaya" und „Slendang" im selben Muster („Malaysian dress").

Zur zeitgenössischen Hoftracht des Mannes gehört der „Surjan", eine kurze Jacke mit hohem Stehkragen und seitlichem

Abb. 45: Ein Gemälde zeigt eine zeitgenössische Batikerin. Ibu Sunardi Suryodiprojo aus Yogyakarta folgt noch dem alten Ideal und macht Batik zur eigenen Entspannung. Das hat der Maler Nolan Haan sehr gut eingefangen: Trotz der mit fotografischer Genauigkeit gemalten Details beherrscht der gleichermaßen konzentrierte wie friedliche Gesichtsausdruck der Dargestellten das Bild.

Knopfschluß. Das Material ist handgewebter gestreifter Baumwollstoff („Lurik") oder auch feiner einfarbiger Stoff. Der Bräutigam trägt ein goldgesticktes kurzes Samtjackett, das einer Smokingjacke recht ähnlich sieht. Die Hofbeamten in Yogyakarta, die als Fremdenführer arbeiten, tragen den „Surjan" täglich zum „Kain".

Zum vollständigen Anzug eines mit „Kain" und „Surjan" bekleideten Javanen gehört der „Blangkon", ein Turban, der aus einem quadratischen Batiktuch von 1 m Seitenlänge gefaltet (und heute genäht) ist. Dieses Tuch „Iket Kepala" (iket oder hochjav. „desthar" = binden) kann wie das „Kemben" ein von „Cemukiran"-Motiven umrandetes weißes oder andersfarbiges Mittelfeld haben, das aus dem fertigen „Blangkon" nur an den Seiten herausschaut. Manchmal ist das quadratische Tuch diagonal in zwei Musterhälften geteilt („Pagi Sore" = Morgen und Nachmittag; s. a. „Kain"). Die Form des fertigen Blangkon differiert nach Landschaft und Mode und dem Geschick des Herstellers, des „Tukang Blangkon".

3.4.2. Batik im Lebenslauf des Javanen

Das Leben eines Javanen wird von Batik begleitet und bestimmt. Von Ort zu Ort variieren die Bräuche ein wenig; hier sind nur einige Beispiele gegeben.

Schon vor der Geburt werden Batikkains in Zeremonien für das erwartete Kind einbezogen. Der Beginn des siebten Schwangerschaftsmonats „Mitoni" (von „pitu" = 7) wird von der Familie festlich begangenen. Die Zahl Sieben spielt während der Zeremonien eine große Rolle: Die junge Mutter wird von sieben verheirateten Frauen, die selbst Kinder geboren haben, mit Wasser aus sieben verschiedenen Quellen, in dem allerlei Blüten schwimmen, gebadet. Danach kleidet sie sich in einen feinen Kain und ein Kemben von besonderer Qualität, zeigt sich den Gästen und bittet um deren Urteil. Das fällt sehr schlecht aus. Die junge Frau zieht sich zurück und versucht ihr Glück mit dem nächsten Kostüm, das etwas weniger aufwendig ist. Aber auch das findet nicht die Zustimmung der Gesellschaft. Der Kleiderwechsel wiederholt sich sechsmal. Erst das siebte und schlechteste Kleid, eine Kombination aus sehr grobem handgewebtem Stoff „Lurik" findet Anerkennung.

Danach beginnt eine andere Art Spiel mit einer jungen Kokosnuß, die das Kind symbolisiert: Die künftige Großmutter läßt die Nuß durch den Kain der Schwangeren gleiten, und aus der Art wie sie aus dem Saum herausrollt, will man das Geschlecht des erwarteten Kindes erkennen. Die Nuß wird dann in „Lurik" gehüllt und den Gästen als Kind präsentiert. Die junge Mutter bietet den Gästen „Rujak", einen Salat aus geraspelten, nicht ganz reifen Früchten (hier aus 7 Arten) zum „Kauf" an. Die Gäste „bezahlen" mit bereitgelegten Topfscherben. Aus dem faden oder pikanten Geschmack dieses Salats will man wieder ablesen, ob das Kind männlich oder weiblich sein wird. Die Aufgabe des künftigen Vaters besteht darin, das „Geld" zu zählen und darüber in Jubel auszubrechen. Der Sinn dieser Zeremonie liegt klar auf der Hand: Die Versorgung von Mutter und Kind soll gesichert sein, was durch die symbolische Geldeinnahme angedeutet wird. Das Muster des siebten Kleides hat den Namen „Liwatan" (= vorübergehen); alles Böse soll an Mutter und Kind vorrübergehen. Dasselbe Tuch wird später dem etwa kranken Kind als Kopfkissen gegeben, damit es schnell geheilt werde (YOGI, 1979).

Das Kleinkind wird von der Mutter im Selendang herumgetragen. Dieser ist meistens aus einem kräftigen Material gebatikt. In neuerer Zeit sieht man extra für diesen Zweck hergestellte grellbunte Batiktücher, die im Mehrbeizenverfahren gefärbt sind (s. 2.1.3.2. Beizenfärberei). Die junge Mutter trägt gern eine „Sido Mukti"-Variation, das „Sido Dadi", auf dem abwechselnd auf hellem und dunklem Hintergrund Tierfiguren in kindlicher Manier neben den Glücksbringern Tempel und Garuda dargestellt sind (s. 3.2.2.1. Semen).

Die erste Zeremonie, an der ein kleiner Javane aktiv teilzunehmen hat, ist das Beschneidungsfest „Sunat", zu dem er einen Batiksarong mit Tumpals (evtl. vergoldet) trägt. Geschenke und ein Festessen „Selamatan" sollen von seinen Schmerzen ablenken (s. KIFFMEYER, 1980). Bei jungen Mädchen wird die Geschlechtsreife festlich begangen. Dem Selamatan aus diesem Anlaß geht ein ähnliches Badezeremoniell voraus wie bei der „Mitoni"-Feier.

Altes Brauchtum hat sich beim größten Fest im Leben des Javanen, der Hochzeit, erhalten. Das Brautpaar erfährt fürstliche Ehren, was sich darin ausdrückt, daß es höfische Kleidung anlegen darf.

Die Hochzeitsriten sind eng mit dem Gebrauch von Batik verknüpft. Schon Monate vor dem Fest war früher die Mutter der Braut damit beschäftigt, die Kains für das Brautpaar

vorzubereiten oder selbst zu batiken. Sehr beliebt für die eigentliche Trauung war und ist das „Sido Mukti", ein Muster mit Semenmotiven, das durch kreuzweise geführte Bandornamente in quadratische Felder unterteilt ist. Die einzelnen Felder sind mit Symbolen wie Tempel, Garuda o. ä. gefüllt. Der Anordnung dieser Symbole schrieb man bestimmten Einfluß auf das Leben des Trägers zu (s. 3. 2. 2. 1. Semen). Diese Kleider, die für den Höhepunkt der Feier nach der Trauung bestimmt sind, werden oft zusätzlich mit Blattgold belegt („Kain Prada") oder auch mit Goldbronze bemalt. Dazu trägt die Braut eine lange Samtjacke („Kebaya Panjang"), die meistens mit Gold bestickt ist und ebensolche Pantoffel. Das Haar ist an Stirn und Schläfen kunstvoll geschnitten oder gemalt und mit Blütenketten, goldenen Nadeln und Kämmen verziert.

Der Bräutigam trägt zum Batikkain eine kurze gestickte Samtjacke („Sikepan") und einen Gürtel aus „Cinde"-Stoff, in dem auf dem Rücken der mit einer Blütenquaste verzierte „Kris" steckt. Auf dem Kopf hat er einen juwelenverzierten „Blangkon"; seine Füße sind mit einfachen schwarzen Lederpantoffeln bekleidet. Manchmal trägt er unter der Jacke noch ein Oberhemd mit Fliege – europäische Attribute wie die Jacke selbst.

Bei Hochzeiten großen Stils tragen beide Brautleute das „Große Hofkleid", den „Dodot" in der Art eines Herrscherpaares vergangener Zeiten („Sembong"). Die Braut hat darunter einen Kain (manchmal aus „Cinde"-Stoff) und drapiert den Dodot so, daß die Schultern frei bleiben. Eine seidene Schärpe aus „Cinde"-Stoff hängt vorn bis zum Saum herunter.

Das Unterkleid des Mannes ist eine Hose („Celana") aus „Cinde"-Stoff mit Tumpalmotiven als Abschluß. Der Dodot

Tafel XVI: Batikkleidung (s. 3.4.1.): a) Javanisches Fürstenbild (Yogyakarta); (Dodot mit Parang Barong-Muster, Hosen aus Cinde, fürstliche Mütze „Kuluk"); b) Hofbeamte im Kraton von Yogyakarta bekleidet mit Kain, Surjan und Blangkon; c) dto.; d) Frauen mit Wasserkrügen auf dem Markt von Rembang bei Lasem bekleidet mit Kain und Kebaya; e) Frauen auf dem Markt in Pekalongan; f) Bäuerin auf dem Markt; sie verkauft u. a. Gori = junge Jakfrucht; g) Alte Dame auf Bali in einem Kain mit Semenmotiven; h) Ländliche Küche in Westjava; i) Gäste bei einer traditionellen Hochzeit in der Nähe von Solo.

Tafel XVI

darüber läßt den Oberkörper frei und bildet eine Schleppe („Konca"). Bei Dodots mit Mittelfeld ist dieses oft mit farbiger Seide appliziert in derselben Farbe, die der zum Dodot gehörende passende Hut („Kuluk") hat.

Vor dem Anlegen der Festkleider werden Braut und Bräutigam mit einer Spezialmischung aus Blütenstaub und anderen pulverisierten Pflanzenteilen gelb gepudert. Neben dem Duft dieses Puders schätzt man vor allen Dingen seine kühlende Wirkung, die das Brautpaar die lange Reihe von Zeremonien leichter ertragen läßt.

Der Trauung ist einen Tag vorher schon eine andere wichtige Zeremonie vorausgegangen, „Midodareni". Am Morgen dieses Tages hat sowohl bei der Braut als auch beim Bräutigam ein rituelles Bad „Siraman" stattgefunden, das von den älteren weiblichen Verwandten durchgeführt wurde. Die Brautleute tragen während dieser Waschung mit blütenhaltigem Wasser weiße Tücher über ihren Kains, die später gebatikt und als Andenken an diesen Tag in Ehren gehalten werden. Am Abend des „Midodareni"-Tages, nach dem Herrichten der Brautfrisur, besucht der Bräutigam mit Familie und Freunden die Familie der Braut. Ein gemeinsames Essen dient dem gegenseitigen Kennenlernen.

Braut und Bräutigam sind zu dieser Gelegenheit in Kains gekleidet, die das „Truntum" (= wachsen, aufblühen, Abb.

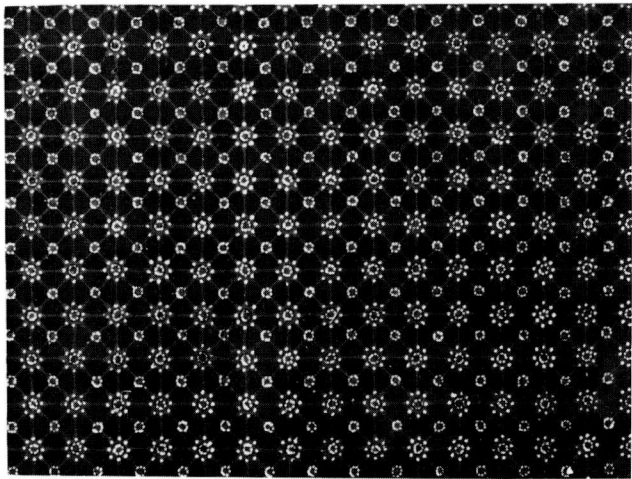

Abb. 46: „Teruntun" (= Vereinigung zum Ganzen); es wird gern von älteren Verwandten des Brautpaars getragen; s. a. „Wirasat". M. ca. 1:3.

46) oder ein Nitik-Muster, „Tanjung Gunung" (Jav. = Bergblume, Abb. 17g) enthält; das kann z. B. „Wirasat", eine „Sido Mukti"-Variante sein. Zum eigentlichen Hochzeitsempfang am nächsten Tag tragen ältere Verwandte derartige Muster, um das Brautpaar zu ehren (VELDHUISEN–DJAJASOEBRATA, 1972).

Beim Empfang nach dem Trauakt finden allerlei symbolische Spiele statt, unter anderen folgende: Der Bräutigam zertritt ein Ei, und die Braut wäscht ihm die beschmutzten Füße mit Blütenwasser. – Beide bewerfen sich mit Sirihblättern (Sirih = allgemein übliches Genußmittel; Mischung aus Kalk, Betelnüssen und verschiedenen Blättern, die die Zähne rot färbt und das Zahnfleisch kräftigen soll.) – Schließlich wird das Paar mit einem Selendang umhüllt und unter einem Schirm zu seinem Thron geführt, wo es in einer Art Beherrschungsprobe einige Ansprachen reglos über sich ergehen lassen muß. Danach wird ihnen Reis serviert, den sie sich gegenseitig in den Mund schieben.

Mit diesen Spielen wird symbolisiert, daß die gegenseitige Verantwortung trotz eventueller Unstimmigkeiten nicht aufhören soll. Mit dem Zertreten des Eis und der anschließenden Fußwaschung wird die Rollenverteilung in der javanischen Ehe charakterisiert.

Nach der Gratulation der Gäste erbittet das Brautpaar den Segen von den Eltern oder deren Stellvertretern. (DJAMADIL, 1976, 1).

Ältere, noch unverheiratete Geschwister müssen ihre Zustimmung zur Heirat geben, die früher hin und wieder versagt worden sein soll. Die Brautleute „erkaufen" sich diese Zustimmung mit einem Geschenk, das meistens aus einem kompletten Festkleid besteht – also Kain, Kebaya, Selendang bzw. Kain, Surjan und Blangkon.

Zu erwähnen bleibt noch, daß Batiken auch bei weniger freudigen Anlässen eine Rolle spielen.

Aus Kains wird ein Dach gespannt, unter dem ein Toter von den Verwandten gewaschen wird; die Totenbahre deckt ein Kain im „Parang Rusak"-Muster, der nach dem Begräbnis dem ältesten Sohn bzw. der ältesten Tochter zur Erinnerung überreicht wird.

Für alle wichtigen Vorhaben wie Hausbau, Reisen oder die schon erwähnten Zeremonien, wurde – und wird z. T. noch immer – der javanische Kalender befragt. Tagen und Wochen sind in diesem Kalender Götter und Dämonen zugeordnet, deren Einfluß man für bestimmte Situationen wünscht oder aber vermeiden möchte. In Kombination mit der persönlichen Geburtskonstellation berechnet man den geeignetsten Tag für die Ausführung eines Plans.

An normalen Tagen suchte man sich früher auf die Gegebenheiten des Kalenders einzustellen. Durch besondere Handlungsweise oder bestimmte Vorkehrungen meinte man den günstigsten Einfluß eines Gottes zu verstärken bzw. den bösen eines Dämons abzuschwächen (WILPERT, 1980).

Eine große Rolle spielte dabei die Batikkleidung. Ihr Symbolreichtum stand in engem Zusammenhang mit dem Glauben an überirdische Gewalten – sowohl guter als auch böser. So begann auch die Morgentoilette eines gebildeten Javanen mit einem Blick in den Kalender. Nach dem Feststellen der individuellen Konstellation für den Tag wurde ein Kain ausgewählt, dessen Symbolik dazu angetan schien, das Tagesprogramm unter den bestehenden Kalenderbedingungen zu einem Erfolg werden zu lassen.

Auch hier erkennt man wieder, wie tief vorislamische Glaubensvorstellungen im täglichen Leben des Javanen verwurzelt sind. Rein islamische Motive in Form von arabischer Kalligraphie erscheinen auf Bannern oder Tüchern, die in Moscheen oder bei religiösen Festen Verwendung finden.

3.4.3. ,,Larangan" – verbotene Muster

In Mitteljava gibt es noch vier Fürstenhäuser – heute ohne politische Macht – die sich auf das Reich Mataram zurückführen. Mitte des 18. Jahrhunderts war das Reich unter Sunan Paku Buwana III in Solo und Sultan Hamengku Buwana I in Yogyakarta geteilt worden. Nur diese beiden Häuser gaben Anordnungen heraus, nach denen das Tragen bestimmter Kleidermuster für den Normalbürger verboten war, während die beiden später abgezweigten Fürstentümer Mangkunegaran in Solo und Paku Alaman in Yogyakarta keine eigenen Muster beanspruchten.

Die ,,Larangan", zu denen nicht nur Batiken, sondern auch einige Seidengewebe und ,,Kain Kembangan" (Bindereserve) gehörten, waren damit dem Fürsten und seinem Hofstaat vorbehalten. Diese Ordnung war noch in verschiedene Rang-

stufen unterteilt, die genau festlegten, wer bestimmte Muster außer dem Fürsten selbst tragen durfte. Einige Muster waren jedoch ausschließlich für ihn reserviert. Ausnahmen von dieser Regelung bildeten Tänzer und Brautleute, die während der Hochzeit einen Herrscherstatus einnehmen (s. ,,Hochzeit" in 3.4.2.)

In Yogyakarta gehörten folgende Muster zu den ,,Larangan":

1. Alle ,,Parang Rusak"-Arten.

2. ,,Sembagen Huk", ein semenartiges Muster, das von tütenartigen Motiven (Muscheln) umgebene Medaillons mit einer Vogelfigur enthält. Zwei Legenden ranken sich um dieses wahrscheinlich auf das 17. Jahrhundert zurückgehende Motiv. In der einen findet Sultan Agung (1613–1645) auf einer Reise nach Mekka ein Ei, das vor ihm vom Himmel fällt und aus dem augenblicklich ein Vogel schlüpft. Er soll nach diesem Erlebnis eine Batik in Auftrag gegeben haben und diese auf Kriegszügen getragen haben. Das Ei (Vogel) symbolisiert hier den Himmel, die Muschel das nahe Meer – wieder ein Beispiel des dualistischen Prinzips. – Die zweite Legende will wissen, daß das erste Tuch dieser Art von ,,Ratu Kidul", der Göttin der Südsee, persönlich gebatikt worden sei (JASPER & PIRNGADIE, 1916).

3. Alle Muster, die ,,Sawat"-Motive (große Garudaflügel) enthalten.

Vorstehende 3 Muster waren nur dem Fürsten, seinem Kronprinzen und deren Ehefrauen erlaubt, während für deren direkte Nachkommen und die mit ,,Pangeran" (Prinz) betitelten Familienmitglieder alle ,,Semen"-Muster und ,,Udan Liris" reserviert waren.

Für die entfernteren Verwandten waren ,,Semen"-Muster ohne Garudaflügel, ,,Kawung" und ,,Rujak Sente", ein dem ,,Udan Liris" ähnliches Muster vorgesehen. In Surakarta (Solo) gehörten neben Batiken, die ,,Parang Rusak", ,,Sawat" und ,,Udan Liris" enthielten, noch alle die Kleidungsstücke zu den ,,Verbotenen", deren andersfarbiges Mittelfeld von ,,Cemukiran"-Motiven eingerahmt ist. (Vgl. ,,Alas-Alasan", ,,Dodot", ,,Kemben".) (VELDHUISEN – DJAJASOEBRATA, 1979; K. R. T. HARJONAGARA , 1979.)

Die Verbote wurden wohl nur innerhalb der Kratons von Solo und Yogyakarta wirklich befolgt. Und seit 1945 ist es nur noch eine Geschmacksfrage, welches Muster wer trägt.

Abb. 47: „Wayang kulit"-Figuren: *a) Wahyu, Gott des Windes, b) Bima oder Wrkodara, 2. Pandava, c) Hanuman, General der Affen, d) Kresna, e) Batara Guru auf dem Stier Nandi, f) Brama, Gott des Feuers, g) Durna, Lehrer, h) Suyudana, i) Parikesit, j) Togog, Spaßmacher der Gegenpartei, k) Anführer der gegnerischen Partei, l) Raguwati, Frauenfigur aus dem Ramayana, m) Kuntiboja, Großvater der Pandava, n) Panakawan (Semar, Gareng und Petruk).*

3.4.4. Batik als Beitrag zur Ikonographie des javanischen Schattenspiels „Wayang Kulit"

Die höfischen Künste Batik, Wayangspiel, Gamelanmusik und Schmiedekunst stehen in enger Beziehung zueinander. Die javanischen Schattenspielfiguren sind aus Pergament und zeichnen sich durch besonders feine Details in den filigranen Stanzmustern und auch in der Bemalung aus. Das „Wayang Purwa" (purwa = Sanskr. „das erste") behandelt Themen aus den indischen Epen Ramayana und Mahabharata, denen in der javanischen Fassung (12. Jahrh.) Teile des vorhinduistischen Ahnenkults einverleibt sind (PINK–WILPERT, 1976; KATS, 1923; HARDJOWIROGO, 1968; FRANKE–BENN, 1981).

Bei näherer Betrachtung der mehr als zweihundert zählenden Figuren, die zu einem Satz gehören können, fallen die Batikmuster an manchen Puppen auf. Bei besonders feinen Exemplaren sind sie ausgestanzt und werden beim Spiel hinter der gespannten Leinwand scharf abgebildet; bei anderen sind sie aufgemalt und erfreuen nur den „Dalang" (Schattenspieler) und die männlichen Zuschauer, die hinter dem Dalang und dem Gamelanorchester Platz nehmen dürfen. Die Frauen bekamen früher nur die Schatten hinter der Leinwand zu sehen. (Man wollte sie angeblich vor den magischen Kräften, die von den Figuren in ihrer Eigenschaft als beschworene Ahnen ausgingen, bewahren.) In jedem Fall sind Batikmuster eine Orientierungshilfe zur Erkennung der Figur oder auch ihrer momentanen Stellung während des Spiels, in dem ein Charakter in mehreren Erscheinungsformen während einer einzigen Vorführung auftreten kann.

Verwandtschaftliche Beziehungen und gesellschaftlicher Rang können durch gleiche Kleidermuster ausgedrückt werden. So sind die als Diener und Komiker auftretenden „Panakawan" (Semar und seine Söhne Petruk und Gareng sowie sein eigener Schatten Bagong) immer gleich gekleidet, wenn sie zu einem Spielsatz gehören. Die Muster sind entweder „Ceplokan" oder „Kawung" wie auch bei anderen Dienerfiguren. Könige und Fürsten – gleichgültig, ob Mensch oder Dämon – tragen ein „Parang"-Muster, besonders, wenn damit Kampfbereitschaft angezeigt werden soll. Auch „Limarran"- und „Semen"-Muster mit „Garuda" und „Meru" zeigen Königswürde an, während Prinzen, Minister oder Hofbeamte meistens durch „Ceplokan" oder „Udan Liris" gekennzeichnet sind.

Ein besonders interessanter Fall ist der Lehrer und Priester Durna oder Drona, der gemeinsame Erzieher der verfeindeten Vettern „Pandawa" und „Kurawa" im Mahabharata. An ihm findet man die Patchworkjacke der Priester aus dem Tenggergebirge/Ostjava wieder (s. 3.2.3.1. Tambal).

Ein interessantes Motiv kennzeichnet auch die Zusammengehörigkeit bzw. Seelenverwandtschaft zwischen „Bayu", dem Gott des Windes und seinen irdischen Entsprechungen „Bima" (2. Pandawabruder) und „Hanuman" (Affenfürst im Ramayana). Alle drei legen ein ungestümes Wesen an den Tag, das sich im „Poleng", einem großflächigen Schachbrettmuster auf ihren Kleidern ausdrückt. Ein zusätzliches gemeinsames Kennzeichen dieser drei Figuren ist ihr riesiger Daumennagel „Pancanaka". Götter, Weise und edle Frauen tragen geblümte Kleider mit langen Ärmeln und Schuhe dazu. Die Blumenmuster tragen eindeutig indische Züge. Im großen und ganzen stimmt die Typisierung der Figuren gut mit der höfischen Kleiderverordnung überein (s. 3.4.3. „Larangan").

4. Batik-,,Provenienzen" Javas

Will man heute den Herkunftsort einer indonesischen Batik bestimmen, hat man es ungleich schwerer als am Anfang unseres Jahrhunderts, als es auch schon solche Probleme gab.

Im Unterschied zu früheren Jahrhunderten, als Batik weitgehend zum eigenen Gebrauch der Familie hergestellt wurde, ist sie heute zum begehrten Handelsobjekt innerhalb und außerhalb Indonesiens geworden, und die einzelnen Batikzentren haben die durch die Einigung Indonesiens verursachte Bevölkerungsfluktuation ihren charakteristischen Stil eingebüßt. Um das Typische für eine Region herauszufinden, muß man also auf alte Stücke zurückgreifen oder die wenigen Werkstätten herausfinden, die noch nach überlieferten Mustern arbeiten. Obwohl in den großen Manufakturen jedes Muster und jede Farbeinstellung hergestellt werden kann, sind überall noch modeunabhängige Tendenzen vorhanden, an regionalen Traditionen festzuhalten. Und im Moment scheint es so, als ob auch in Indonesien eine steigende Rückbesinnung auf altes Kulturgut besteht, was nicht zuletzt den nach Antiquitäten jagenden Touristen zu verdanken ist.

Im wesentlichen kann man zwei Grundtypen unterscheiden:

1. Die klassischen Tücher der ,,Fürstenländer" Mitteljavas (Surakarta und Yogyakarta) mit ihren symbolhaften flächendeckenden Mustern, in den traditionellen Farben blau/braun/weiß, die auf hinduistischen und vorhinduistischen Einflüssen basieren und

2. die in Muster und Farbstellung von China und Europa beeinflußten vielfarbigen Tücher von Javas Nordküste (Pasisiran).

Bei den Batiken der 1. Gruppe überwiegt das magische bzw. schützende Element, während bei der 2. Gruppe einziger Zweck ist, den Träger zu schmücken.

Die Batiken aller anderen Regionen sind diesen Grundtypen mehr oder weniger verwandt. Je weiter man sich von den ,,Fürstenländern" entfernt, desto mehr weicht der symbolhafte Charakter der Muster rein dekorativen Darstellungen. So dient in manchen Gegenden ein in Mitteljava zu den ,,Verbotenen" (Larangan) gehörendes Parang- oder Kawung-Motiv schon lange als bloßer Hintergrund für großformatige Blumen- und Vogelbilder. Während Indigo fast überall verwendet wird, alterniert das Sogabraun je nach Vorkommen der Farbhölzer von gelb bis dunkelbraun. In manchen Gegenden tritt Mengkudurot an die Stelle von Sogabraun.

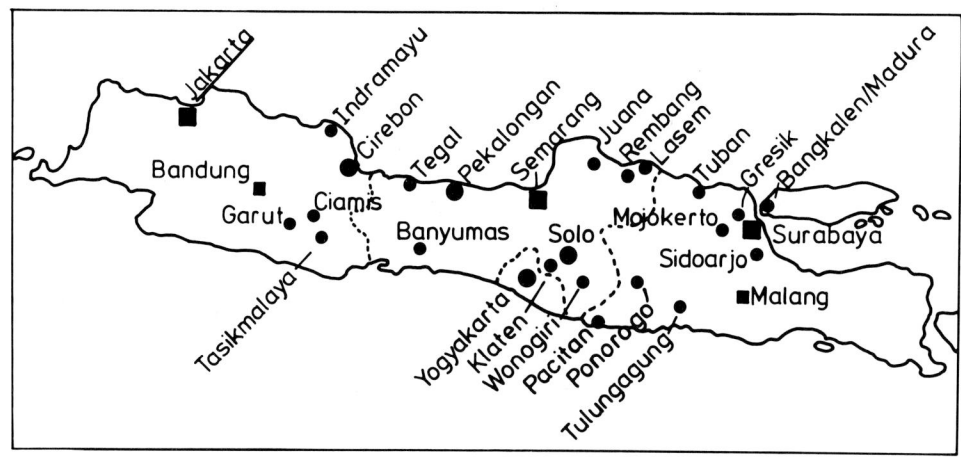

Abb. 48: Orte mit Batikindustrie auf Java.

Tafel XVII: „Sekar Jagad" (Blume der Welt): a) aus Yogyakarta; – b) aus Wonogiri/Solo (Natursoga) M.: 1:7,5 (zur Beachtung: Der Kain aus Wonogiri hat einen leicht getönten Hintergrund).

4.1. „Fürstenländer" (Mitteljava)

In den beiden Sultansstädten **Surakarta** (Solo) und **Yogyakarta** haben sich die symbolreichen alten Muster am reinsten erhalten. Abgesehen von den Eigenarten der verschiedenen Werkstätten unterscheiden sich Batiken aus Yogyakarta und Solo in der Färbung des Grundtones; in Yogyakarta schätzt man den weißen Naturton der Baumwolle, während man in Solo und im benachbarten **Wonogiri** der Sogafärbung eine schwache Vortönung unterlegt, so daß nur die Füllmuster, die vor der Indigofärbung angebracht sind, rein weiß erscheinen. Besonders in Stücken aus Wonogiri sind die hellockerfarbigen Hintergrundflächen planmäßig von den anderswo unerwünschten Brüchen durchzogen. Hier fehlt oft das Blau ganz; es ist durch Überfärben mit Soga schwarz geworden, weil die Indigofärbung nicht reserviert wurde.

a

b

Tafel XVIII:
a) Teil eines
Kains
,,Banyumasan"
aus Pekalongan,
ca. 1930. –
b) Teil eines
Kains
,,Maduran" aus
Pekalongan,
1978. – M.: ca.
1:10.

a   b

Tafel XIX: Semenmuster mit Vogelmotiv aus Wonogiri (Einfluß von der Küste, vgl. Taf. XVIII); a) Neufassung von 1978;
b) Vorbild um 1910 (Soga ausgeblichen).

Batiken aus der näheren Umgebung dieser Zentren entsprechen in Muster und Farbgebung den klassischen Vorbildern.

Nahe der Südküste entstehen in Heimarbeit grobgemusterte spontane Handbatiken mit Blumen- und Tiermotiven, die in den Manufakturen eingefärbt werden, s. Abb. 33. Weiter

entfernte Orte, wie **Banyumas** haben neben klassischen Motiven – u. a. Kawung und Parang – dekorative große Motive auf Ukel-Hintergrund, die deutlich Einflüsse der nördlichen Küstenregion zeigen. Die Grundfarbe ist hier oft hellgelb. Neben Braun und Blau wird auch Rot verwendet (s. Tafel XVIIIa).

Tafel XX: Teil eines zeitgenössischen Kains ,,Tambal". Interessant ist die Aufteilung in ,,Blocks", die an amerikanische Patchworkarbeiten erinnert. Blocks von je 6 bzw. 24 ,,Patches" wechseln sich schachbrettartig ab. (Originalgröße eines Blocks 33×33 cm). Die Künstlerin Ibu Sunardi Suryodiprojo (s. Abb. 45) fertigte den einmaligen Kain (ca. 1×2,5 m) 1981/82 an und

machte ihn Donald Harper, einem Verehrer ihrer Kunst, zum Geschenk. In ihrem Tun und ihrer Geste ist der ursprüngliche Geist javanischer Batikkultur noch lebendig (HAAKE, 1984).

4.2. Küstengebiete „Pasisiran"

Chinesische und europäische Motive bestimmen das Aussehen der Pasisiran-Batiken von der Nordküste Javas. Außerdem sind Randverzierungen ein typisches Kennzeichen für Batiken dieser Region (s. 3.3. Pasisiran und 3.2.5. Pinggiran).

In **Pekalongan,** der bedeutendsten Batikstadt, ist das Angebot am vielfältigsten. „Klassisch" ist hier das „Jelamprang", ein Nitikmuster indischen Ursprungs, das in vielen Variationen und Farbstellungen hergestellt wird, aber selten in den klassischen Farben Mitteljavas. Auch Semenmuster, meistens vom Typ „Cuwiri" (getupfter Hintergrund) finden sich in leuchtenden Farben, aber die Anordnung der Motive und diese selbst sind weniger symbolhaft als in mitteljavanischen Beispielen. In **Wonopringgo,** außerhalb Pekalongans sind relativ grobe, handgezeichnete dunkelbunte Batiken typisch, die von der rein javanischen Landbevölkerung dieser Gegend bevorzugt werden. In und um Pekalongan gibt es zahlreiche chinesische Werkstätten, die feine Sarongs und Kains im Buketanstil herstellen; die bekannteste ist wohl die von Oey Soe Tjoen in **Kedungwuni.** Blumenranken begrenzen diese Tücher und trennen bei Sarongs Badan und Kepala.

Überall in der Stadt Pekalongan selbst werden auch Tücher mit naturalistischen Tier- und Pflanzendarstellungen angefertigt, die oft mit Tumpal-Kepalas und den zugehörigen Bordüren abschließen (s. „Pinggiran"). Diese Kepalas zeigen meistens nicht mehr die Tumpals in ihrer ursprünglichen, einfachen Form, sondern der Raum zwischen den Dreiecksspitzen ist angefüllt mit den unterschiedlichsten Mustern. In sog. „Terang Bulan"-Batiken formen Pflanzen- und Tiermotive Tumpals, die oft einzige Verzierung eines sochen modernen Kains sind. An „Jelamprangs" sind auch die Tumpalfiguren in Nitiktechnik ausgeführt.

Eine Besonderheit bilden die „Tiga Negeri" und „Dua Negeri" (Tiga = 3, dua = 2; negeri = Land). Sie fallen vor allem farblich ins Auge: die roten, blauen und grünen Pasisiranmotive europäischer Prägung sind kombiniert mit klassischen sogabraunen Hintergrundmustern. Dieser Batiktyp verdankt seine Entstehung der Erkenntnis, daß die Effektivität der Färberei von den Hilfsstoffen und – nicht zuletzt – von der Beschaffenheit des Wassers abhängig ist. So schickte man einfach das Halbfertigprodukt zur Weiterverarbeitung zuerst

nach Lasem, dann nach Solo. Die vorbereitenden Wachsarbeiten für den jeweiligen Farbgang wurden am Färbeort in dessen Stil ausgeführt. So haben auch die sogagefärbten Teile solcher Stücke immer einen „Solocharakter". Noch 1973 (vgl. Susanto, S. 352) bestanden solche Verbindungen zwischen Padmo Raharjo in Lasem und der Werkstatt „Tjoa Giok Tjiam" in Solo. Diese Batiken hatten einen guten Markt in Bandung/Westjava (s. Tafel XXI).

Lasem war früher ein bedeutender Batikort; hier wurden wie in Pekalongan feinste Batiken mit europäischen und chinesischen Motiven für den Export vor allem nach Sumatra hergestellt. Heute fehlt die zahlungskräftige Kundschaft, und die wenigen verbliebenen Werkstätten liefern relativ grobe „Batik Tulis" im „Tiga-Negeri"-Stil. Von der großen Seidenbatikindustrie zwischen Lasem und **Semarang** finden sich nur noch Reste; durch zeitweisen Materialmangel während des 2. Weltkrieges geriet die Methode in Vergessenheit (s. 2.1.1. und 2.2.2.).

Cirebon und **Indramayu** zählen landschaftlich schon zu Westjava, aber ihre Batikerzeugnisse sind typisch für die Pasisiranregion. Cirebon hat durch die früheren engen Beziehungen des Sultans zum chinesischen Kaiserhaus einen unverwechselbaren Stil entwickelt (vgl. 3.3.5. Mega Mendung etc.). Daneben entstanden hier – wie an der ganzen Nordküste – farbenprächtige Kains und Sarongs in „Lokcan"- und „Buketan"-Musterung.

In **Indramayu** sind die Lokcantücher meistens nur einmal gefärbt und zwar schwarz oder dunkelblau (Kelengan). Dabei stehen die dunklen Motive auf dem ungefärbten Hintergrund, der oft von dunklen Tupfen strukturiert ist (vgl. 3.3.3. Cocokan). Den Tumpals begegnet man hier in unverfälschter Form.

4.3. Westjava

Außer den an der Küste liegenden Orten Cirebon und Indramayu waren **Garut, Ciamis** und **Tasikmalaya** bekannte Batikzentren. Das „war" bezieht sich auf das Vorhandensein von Werkstätten, die charakteristische „Batik Tulis" herstellen. 1980 fand sich noch ein Familienbetrieb dieser Art in Garut. Die zum Teil etwas abgewandelten klassischen Muster sind mit einer für das Haus spezifischen Bordüre an den

Tafel XXI: Teil eines Sarongs ,,Tiga Negeri'' (3 Länder). Ein modifizierter Tumpal-Kepala ist hier gepaart mit für Tumpals untypischen Kemadas (Bogenkanten). Kepala und die diversen Bordüren tragen in Zeichnung und Farbe die Merkmale der Küstenregion (vermutlich Pekalongan und Lasem); der Badan dagegen ist offensichtlich in den Fürstenlanden (wahrscheinlich Solo) gezeichnet und gefärbt; er trägt das traditionelle ,,Semen Rama'' auf Ukel-Hintergrund. Vgl. Abb. 25b und 29a; Natursoga und Mengkudu, Entstehungszeit ca. 1940. M.: 1:6. (Sammlung Smend).

handgesäumten kurzen Seiten versehen. Es sind nur zwei Farben in Gebrauch: die Sogafärbung ist durch ein dunkles Rot ersetzt, und die Indigofärbung durch ein helleres Blau. Beide Farben stehen auf einem schwach getönten Hintergrund. Früher waren die klassischen Farben Westjavas Mengkudurot und Schwarz; letzteres entstand durch Überfärben des Indigos mit Mengkudu (vgl. 3.3.5. Ganggamina). Manchmal sind die klassischen Flächenmuster mit Blumen in etwas ungelenker Darstellung verziert.

Der Beginn der Batikherstellung in Tasikmalaya fällt erst in das 19. Jahrhundert. Anhänger des von den holländischen Kolonialherren gefangenen Prinzen Diponegoro flüchteten u. a. nach Tasikmalaya und sollen dort zunächst nur einfarbige Tücher gebatikt haben. Allmählich wurden diese Batiken aber dem Geschmack der einheimischen Bevölkerung angepaßt, die leuchtendere Farben bevorzugte. Mit den Farben kamen auch andere Einflüsse von der Küste. So findet man zwischen den stark abstrahierten Pflanzen- und Tierdarstellungen Bruchstücke aus Semenmustern oder Variationen des „Mega Mendung". Die Grundfarbe ist fast immer beige bis gelblich. 1970 fing man in Tasikmalaya damit an, Batiktücher vom Typ „Terang Bulan" mit Maschinenstickerei in mehreren Farben zu verzieren. Diese Entgleisung des guten Geschmacks konnte sich aber nicht auf Dauer durchsetzen.

4.4. Ostjava und Madura

Fast allen Batiken dieser Region ist gemeinsam, daß sie große Blumen- und Vogelmotive tragen und daß statt Soga viel Mengkudu eingesetzt wird. Ausnahmen bilden nur die nahe der Grenze zu Mitteljava gelegenen Orte **Ponorogo** und **Tulungagung,** die in Muster und Farbgebung von den Fürstenländern beeinflußt sind. Kawung, Lereng und Ceplok werden aber auch hier oft nur als Hintergrund für Buketans verwendet.

Hauptzentrum der Batikerzeugung ist **Sidoarjo** südlich von Surabaya. Als beherrschende Farbe dient hier ein sehr dunkles, fast schwarzes Rotbraun für die abgewandelten klassischen Semenmuster und die Buketan- und Vogelmuster. In diese Grundfärbung sind viele bunte Farben direkt eingesetzt (Coletan). In Batiken mit chinesischen Motiven ist der Sogafarbton gelblich. Batiken mit dem besonders dunklen Soga-farbton waren in Madura sehr beliebt; man nannte sie deshalb „Maduran".

Madura hat jedoch eine eigene Batiktradition, die gerade in den letzten Jahren wiederbelebt wurde. Charakteristisch für Maduratücher sind Ränder mit kurzen breiten Tumpals, verbunden mit einer europäischen Blumenranke. Die Motive des Feldes sind u. a. Pfauen, Fische und Meerespflanzen. Außerdem sind Darstellungen von Schiffen „Kapal Api" (Feuerschiff) häufig. Der Hintergrund kann mit für Madura spezifischen Füllmustern (Isen) strukturiert sein (z. B. gefiederte Ranken oder muschelförmig angeordnete Reihen von „Ukel") s. Tafel XVIII und XXIII.

Einzigartig ist Musterung und Herstellungsprozeß der Batiken aus **Margorejo/Tuban.** In dieser kleinen Gemeinde wurde bis vor wenigen Jahren alles Zubehör selbst erzeugt – vom Farbstoff bis zur Faser. Inzwischen ist man zum Kauf der Farbstoffe übergegangen, aber die Baumwolle wird nach wie vor selbst angebaut und verarbeitet. Auf primitiven Handspinnrädern, die aus Bambusstöckchen zusammengebunden sind, werden die Kett- und Schußfäden gesponnen, die auf ebenso einfachen Webstühlen zu zweierlei Geweben verarbeitet werden. Zum einen webt man rein weiße Sarongs oder 3 Meter lange Selendangs und zum anderen karierte Stoffe aus weißen und mit Indigo blaugefärbten Fäden. Die so entstehenden weißen Kästchen bilden das Skelett für gewebeartige Zählmuster, nach denen Wachs aufgetragen wird. Beim nachfolgenden Rotfärben mit Mengkudu werden die blauen Karos schwarz. Vorbild für diese Art der Musterung des „Batik Tenun Gedog" (Tenun = weben; Gedog = lautmalerisch das Geräusch des Webgerätes) waren indische Seidengewebe in Eintragtechnik. Eines der häufigsten Muster dieser Art heißt „Grompol" (in den Fürstenländern kennt man ein Ceplokanmuster gleichen Namens, das aber mit dem Tubanmuster nichts gemeinsam hat). Die einfarbig weißen Stoffe werden meistens ohne Vorzeichnung mit Lokanmustern versehen und mit Indigo und Mengkudu oder Soga eingefärbt. Für Gelbfärbungen wird außerdem noch die Rinde des Mangobaums (Magnifera indica) verwendet (s. Tafel XXII). Das Färben ist Gemeinschaftsarbeit; an zwei Tagen in der Woche wird am Dorfbrunnen Indigo, Mengkudu und Soga angesetzt, und jeder kann gegen geringes Entgelt vorbereitete Stücke zum Färben bringen.

Tafel XXII: Batik Tenun Gedog aus Margorejo/Tuban. – a) Spinnen der selbstproduzierten Baumwolle; b) Weben auf einfachen Webstühlen mit Rückenspannung der Kette; c) Gebatikter blau/weiß kariert gewebter Stoff vor der Rotfärbung; (Die weißen Karos wurden als Zählraster für das hier „Grompol" genannte Muster verwendet). d) Stoff wie c) nach dem Rotfärben (vgl. Kleid der Weberin).

a   b

c   d

Tafel XXIII: Details aus Kains verschiedener Provenienz (M.: ± 1:10): a) Lasem (Buketan auf Kawung), grobe Zeichnung von 1980; b) ,,Maduran'' aus Wonopringgo/Pekalongan, Detail aus Tafel XVIIIb; c) ,,Banyumasan'' aus Pekalongan, Detail aus Tafel XVIIIa; d) Madura, 1978.

Tafel XXIV: Kepalas und Teil des Badan eines Kains „Pagi/Sore" angeblich aus Jambi/Sumatra. (Bordüren und Motive deuten auf Lasem hin); um 1900. M.: ca. 1:9.

4.5. Andere Zentren in Indonesien

Zeitweise haben in **Jambi** und **Palembang** (Sumatra) Batikzentren bestanden (vgl. Goslings, 1929–1932).

Die Batiken ähneln im Aufbau ihrer Muster mit Tumpals und Bordüren den Pasisiran. Das Innenfeld (Badan) eines Kains ist meistens mit Ceplokanmotiven auf blauem Grund gefüllt, die von den javanischen Mustern dieser Art deutlich abweichen. Tumpals und Bordüren sind in einem Rot gefärbt, welches gegenüber dem javanischen Mengkudurot einen Blaustich aufweist. Oft sind die an beiden Seiten angebrachten Kepala-

hälften verschiedenfarbig, und zwar rot und weiß und machen damit noch mehr die Verwandtschaft mit dem Pagi/Sore-Typ der Pasisiran deutlich.

Die Kunst des Batikens soll von eingewanderten Javanen in Sumatra eingeführt worden sein. Nach anfänglicher Geheimhaltung der Methode sollen später auch Einheimische gebatikt haben. Dafür spricht der Stil der Ceplokan- und Bordürenmotive, die mehr indische oder sogar arabische Züge tragen. Typisch für Jambi war auch die Farbstellung indigoblau/dunkelblau/gelbbraun, die folgendermaßen erhalten wurde: Nach dem Indigofarbbad wurde das Wachs gebrochen und nochmal teilweise neu gewachst, so daß beim Färben mit Soga auf den weißen Stellen eine goldbraune Äderung entsteht, wohingegen nicht bedeckte blaue Stellen dunkelblau bzw. schwarz erscheinen.

Bei vielen der heute als Jambi-Batiken angebotenen Tücher handelt es sich aber offensichtlich wirklich um Pasisiranbatiken, die seinerzeit in Lasem oder Pekalongan für den Export angefertigt worden sind. Bordüren- und Feldmotive solcher Batiken sind mit denen zeitgenössischer Stücke von Javas Nordküste identisch (s. Tafel XXIV).

Nach der Aufhebung der Sultanate in Südsumatra verschwanden auch die Batikwerkstätten allmählich; anscheinend waren ihre Erzeugnisse nur als Luxusartikel für die Hofbeamten abzusetzen gewesen.

Tab. 4: Batikgebiete

Gebiet	Ort	beste verwendete Stoffqualität	traditionelle Zuschnitte	typische Motive	vorherrschende Farbstellung	hauptsächliche Verfahren	Bemerkungen
„Fürstenländer" Mitteljava	Yogyakarta	Primissima	Kain, Dodot, Iket, Kepala, Kemben, Selendang	Klassische Muster (s. 3.2.1.–5.)	blau (Indigo) braun (Soga)	Kerokan für feine Stücke Lorodan	
	Surakarta (Solo) und Wonogiri	Primissima	s. Yogya	s. Yogya	Indigo/Soga	s. Yogya	es wird noch viel Natursoga verwendet (Der Untergrund ist getönt)
Küstengebiete Mitteljavas	Pekalongan	Primissima	Kain, Sarong mit Selendang im Set; chinesische Tempeltücher	a) klassisch: Jelamprang, Tumpal b) chinesische Motive: Swastika, Fabeltiere wie Singa (Löwe) und Phönix (Lokcan) c) europ. Einflüsse: Blumen, Schmetterlinge; Szenische Darstellungen; Abschlußbordüren aus Blumenranken	neben wenig Indigo synthetische Farbstoffe (Naphthole, Anthrasole, Rapidecht etc)	Lorodan und Coletan	vielfarbig; Halbfertigprodukte zur Weiterverarbeitung in andern Orten
	Lasem	Prima, früher auch Primissima	Kain, Sarong wie Pekalongan	Chinesische und europäische Motive; Tumpal; szenische Darstellungen, Lokcan heute: Buketan auf klassischem Ceplokan- und Parang-Hintergrund (s. Pekalongan)	Heute: nur synthetische Farbstoffe; Hintergrundmuster in klassischer Farbstellung (Soga), Buketan vielfarbig	Lorodan	Lasem exportierte Batik nach Kalimantan und Sumatra. Heute fehlen diese Märkte, daher werden nur noch Batik Cap oder gröbere Tulis hergestellt
	Kudus	Prima - Primissima	Kain, Sarong	Buketanmotive auf gemustertem Untergrund; meist grobe Zeichnung	dunkelblau mit diversen synthetischen Farbstoffen	Lorodan	Heute: wenig Absatzmöglichkeiten

Tab. 4: Batikgebiete (Forts.)

Gebiet	Ort	beste verwendete Stoffqualität	traditionelle Zuschnitte	typische Motive	vorherrschende Farbstellung	hauptsächliche Verfahren	Bemerkungen
Forts. Küstengebiete Mitteljavas	Rembang und Juana	Seide	Sarong, Selendang	Lokcan, Tumpal-Kepala (späte Form)	schwarz/braun cremeweiß; synthetische Farbstoffe, früher Indigo und Soga	Lorodan	früher: Export nach Sumatra, Bali, Kalimantan; Chinesische Methode
	Tegal	Primissima (Seide)	Sarong Selendang Kain	a) chinesische Porzellanmotive b) Buketan, einfache Blattmotive	synthetische Farbstoffe	Lorodan	
Übriges Mitteljava	Banyumas Purwokerto	Primissima	Kain	Klassische Parang; früher Blumen und Vögel auf Ukelgrund mit rotem Blumenrand, heute viel Cap-Batik	rötl. braun und schwarz auf gelblichem Grund; Soga/Indigo; Mengkudu; meist synthet. Farbst.	Additiv oder Lorodan	Einflüsse von Pekalongan und den Fürstenländern
Westjava	Cirebon	Primissima	Kain, Sarong (Sets) mit Selendang; Tempeltücher (chin.)	Wolken (Mega Mendung), Felsen (Wadasan), Singa-Barong (abgewandelter Löwe), Lokcan; Semen (Meru, Pohon Hayat, spezielle Tiere, auch Fische) Gartenarchitektur	blau/rot; blau/braun; beige/schwarz	Lorodan	Große eigenständige Motive stark chinesischer Prägung; daneben Semenmuster
	Indramayu	Primissima	Kain, Sarong	Lokcan, Kepala mit einfachen Tumpals meist ohne Verzierung im Zwischenraum	schwarz/weiß; Cocokan (schwarze Tupfen auf weiß)	meistens einfarbig	Pasisiran, s. Cirebon
	Garut	Primissima	Kain auch Sets mit Selendang	Parang, Kawung, Buketan auf Netzmustern	gelblich getönter Hintergrund, rot bis braun mit blau	Lorodan	Motive von Mitteljava, aber veränderte Farbstellung; daneben: Einflüsse von der Küste
	Tasikmalaya und Ciamis	Primissima	Kain, Sarong etc.	Semenmotive großzügig abgewandelt; Felsen- und Wolkenmotive in von Cirebon abweichender Form	gelblich getönter Hintergrund blau/beige/braun	Lorodan	Batik bordir (gestickte Batik); isen: Cecek, Sawut (Ciamis) Cecek-Sawut, Sisik Melik

Tab. 4: Batikgebiete (Forts.)

Gebiet	Ort	beste verwendete Stoffqualität	traditionelle Zuschnitte	typische Motive	vorherrschende Farbstellung	hauptsächliche Verfahren	Bemerkungen
Ostjava und Madura	Sidoarjo	Primissima	Kain, Selendang Sarong	a) Semen b) große Blumen und Vögel c) chinesische Motive wie Pekalongan	Grundfarbe: sehr dunkles rotbraun (Mengkudu), schwarz und eingesetzte bunte Farben; gelbbraune Soga	Lorodan und Coletan	„Batik Madura" genannt, weil in Madura beliebt
	Mojokerto	Primissima	Kain Pagi/Sore	Große Vögel (Pfau) und Blumen; Cecek auf blau und braun	dunkelblau, braun, schwarz	Lorodan	Motive ähnlich Lasem, aber die Farben sind gedeckter
	Madura (Bangkalen)	Prima und Primissima	Kain + Selendang (Set)	Große Vögel und Meerestiere; Schiffe; typische Füllmuster auf Hintergrund: gefiederte Ranken; Bodüre: kurze Tumpal oder Blumenranken	Mengkudu und schwarz	Lorodan	Das Meer als Lebensraum spielt auch als Batikmuster eine große Rolle
	Tulungagung a) Kalangbret b) Trenggalek c) Majan	a, b) Prima c) Primissima	Kain	a) Kalangbret: Semen Lereng, Ceplok b) Trenggalek: Lereng c) Majan: Geringsing und Buketan	dblau und Soga (synthet.); dblau und dbraun; Soga, mittelblau, dblau, gelb, manchmal auch rot	Lorodan	a) tulis, grobe Zeichnung mit wenig „isen" b) Cap halus c) tulis mit feinen „isen" auf groben Motiven Einfluß der Fürstenländer
	Ponorogo	Primissima für tulis; Biru für Cap	Kain Pagi/Sore	Parang, Kawung (Cap) Buketan auf Parang; Semen (tulis)	Indigo/Soga mit hellblau, violett auf gelbem Grund	Lorodan und Kerokan und Coletan für blau und violett	Keine Pasisiraneinflüsse ähnlich den in Garut entwickelten sog. „Garutan" und „Banyumasan"
	Tuban (Margorejo)	handgewebte Rohbaumwolle weiß oder blau/weiß	Kain, Sarong Selendang	Lokcan, Grompol (Nitik) Ausnutzung der Webkaros als Mustergrundlage	Indigo/Soga Indigo/Mengkudu	Überfärben von blau mit rot	„Batik Tenun Gedog" (s. d.) Vorbilder: indische Seidengewebe; daneben: chines. Einfluß (Lokcan).
Südsumatra	Jambi	Primissima	Kain Pagi/Sore Iket Kepala	Ceplokan und Pasisiranmotive, Tumpal-Kepala	Mengkudu, Indigo, Soga	Überfärben oder Lorodan	Arbeiten javanischer Emigranten und angelernter Einheimischer; viel Importe von Lasem
	Palembang	Primissima	Kain Pagi/Sore	Tumpal, Ceplokan, oft einseitig	wie Jambi	Überfärben oder Lorodan	wie Jambi; indische Einflüsse

108

5. Qualitätsbeurteilung einer Batik und die Erkennung von Fälschungen

Der Indonesienreisende trifft heute eine Flut von Batikangeboten an und steht ihr einigermaßen hilflos gegenüber. Strahlendes Tropenwetter und die entsprechende Urlaubsstimmung können manchen Fehlkauf verursachen. Solchem Mißgeschick geht man am ehesten aus dem Weg, wenn man sich in einer eingeführten Werkstatt, die auch für Einheimische arbeitet, umsieht und beraten läßt. Wer sich „eingesehen" hat, kann sein Glück auch in Läden mit gemischtem Warenangebot oder sogar auf dem Markt versuchen.

Dieses Kapitel soll helfen, Qualitäten zu unterscheiden oder auch vor Fälschungen zu schützen. Bei der Prüfung einer angebotenen Batik stellt man sich folgende Fragen und versucht, sie sich zu beantworten:

1. Handelt es sich um eine Batik oder um einen Druck im Batikstil?

Ein Druck verrät sich meistens schon dadurch, daß die Rückseite heller als die Vorderseite erscheint. Eine Batik sollte von beiden Seiten gleich sein; oft ist jedoch die Rückseite dunkler, weil dort der Wachsauftrag nicht so sorgfältig ausgeführt wurde. Bei dünnen Stoffen und bei modernen Druckverfahren ist die Frage nicht auf Anhieb zu beantworten. Aber: Bedruckte Fasern sind nicht durchgefärbt, sondern nur oberflächlich angefärbt. Mit einer Lupe wird man auf jeden Fall erkennen, ob eine dunkle Stelle im Muster durch Tauchen oder Bedrucken entstanden ist, wenn man mit der Nadel einen gefärbten Faden lockert.

2. Handelt es sich um eine „Batik Cap" (Stempel) oder um eine „Batik Tulis" (Canting)?

Die Grenze des Cap ist meistens deutlich erkennbar, wenn man den Stoff von weitem betrachtet. Die ungleichmäßige Temperatur des Stempels macht sich durch Farbunterschiede der verschiedenen Bereiche bemerkbar. Dieser Fehler ist besonders bei kleinrapportigen Mustern sichtbar. Durch unpräzises Aufsetzen des Cap kann es zu Lücken oder Überschneidungen im Muster kommen. Bei größeren Motiven werden die am Cap außen angebrachten Stabilisierungsstege abgebildet, unter anderem sehr deutlich sichtbar in Parangmustern.

Bleiben alle diese Kriterien aus, so beweist das nur, daß es sich bei dem vorliegenden Stoff um ein handwerklich einwandfreies Stück handelt. Jeder Stempel weist aber kleine Unregelmäßigkeiten auf, die sich besonders bei Punktkombinationen beobachten lassen, da einzeln stehende Stifte zuerst verbiegen. Wiederholt sich also eine deformierte Punktkombination in

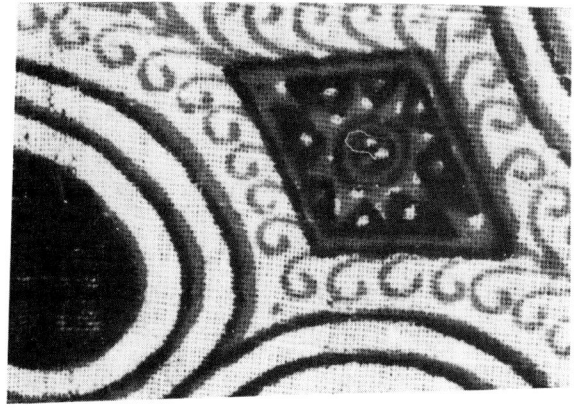

Abb. 49: Vorder- und Rückseite eines Druckstoffes mit Batikmuster.

Abb. 50: Vergleich „Cap und Tulis" am Zentralmotiv eines Semen Cuwiri: a) Cap, b) Tulis.

regelmäßigen Abständen, dann liegt auch hier eine „Batik Cap" vor. Man darf sich aber nicht von Farbabweichungen täuschen lassen; sie entstehen beim dritten Wachsauftrag „Biron", der immer mit dem Canting vorgenommen wird, wenn nach der „Kerokan"-Methode gearbeitet wird. Wegen dieses Nachwachsens per Hand sind mehrfach gefärbte Batiken heute unter dem Namen „Kombinasi" (kombiniert) im Handel.

Eine besondere Form der „Batik Kombinasi" liegt im „Gra-nitan" vor. Hier sind die in der Kerokanphase freigelegten Stellen einseitig mit dem Canting bearbeitet. Die feinen Wachspunkte erscheinen auf dem braunen Hintergrund gelblich, während die im Cap enthaltenen Punkte weiß auf blauem Grund stehen. Die Rückseite eines solchen Stoffes zeigt alle Merkmale einer „Batik Cap". Diese veredelte Cap-Methode „Granitan" wird nur auf „Primissima"-Material ausgeführt, da ein einfacher Stoff den Arbeitsaufwand nicht lohnt.

110

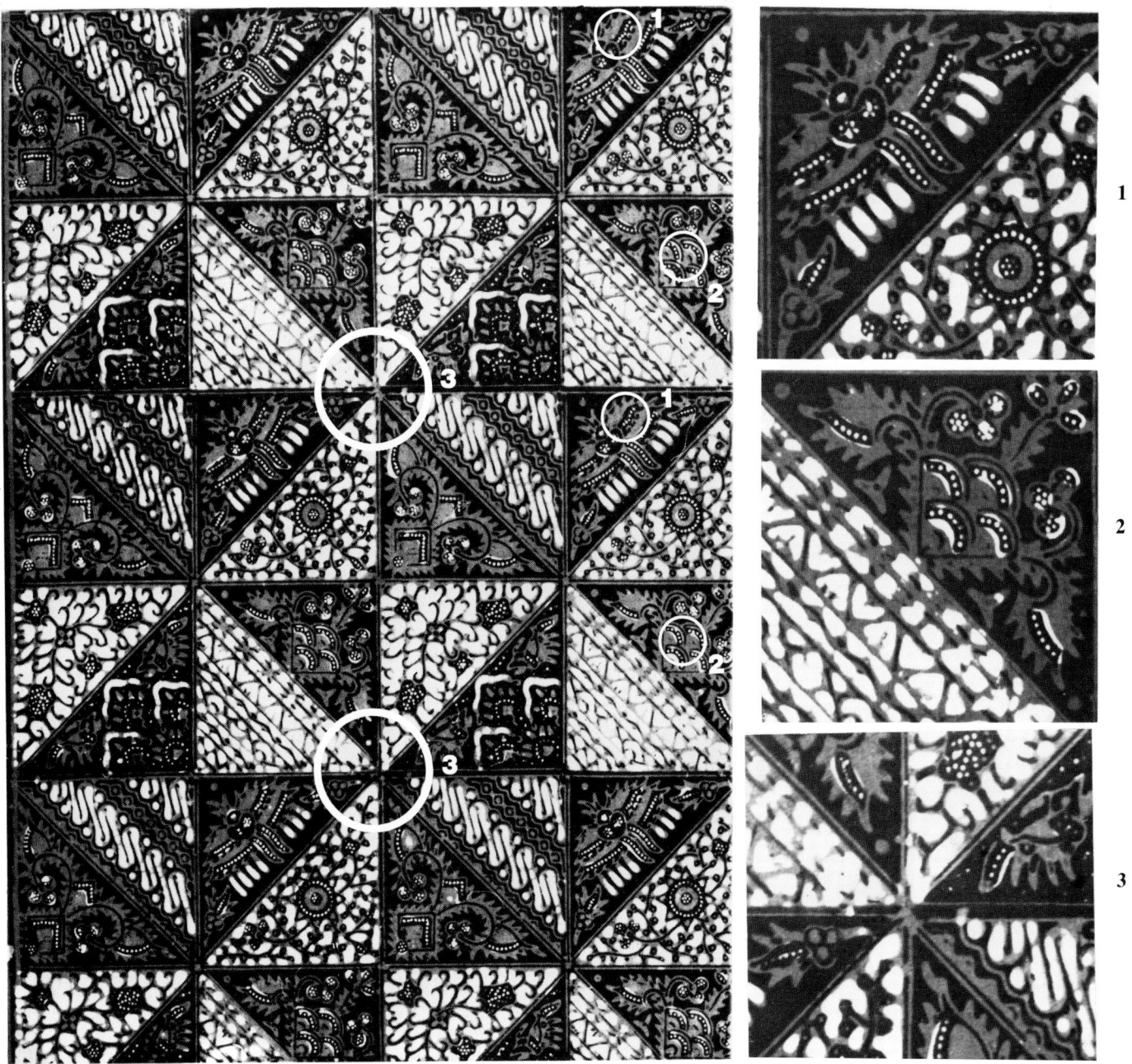

Abb. 51: Typische Kennzeichen einer „Batik Cap". (Beispiel „Tambal"). Punktkombinationen, Lücken/Überschneidungen, Stempelnasen.

111

3. Um welche Stoffqualität handelt es sich, und wie ist die Zeichnung des Musters beschaffen? (Siehe 2. 1. 1.)

Die Feinheit einer Zeichnung hängt nicht zuletzt von der Feinheit und Dichte des Trägergewebes ab. „Batik Tulis" werden aus allen Stoffqualitäten hergestellt, aber eine hochwertige traditionelle Batik findet man nur auf Primissima. Die Zeichnung soll möglichst fein sein und nicht zuviele Fehler – auch unbeabsichtigte Brüche – enthalten. Es ist bis heute nicht möglich, Kunstfasern wie Dralon, Diolen, Perlon etc. kalt anzufärben. Deshalb können derartige Stoffe nicht im Batikverfahren gemustert worden sein!

Ein angeheftetes Stoffähnchen sagt nichts über die Qualität der Batik oder des Stoffes aus; es ist eine Art „Wäschezeichen", das dem Lohnfärber zeigt, wer das Stück zum Färben gegeben hat. Der Manufakturleiter erkennt daran, wer für die Wachsarbeit zu entlohnen ist.

4. Synthetische Farbstoffe oder Pflanzenfarbstoffe?

Bei einer eben hergestellten Batik sollte man grundsätzlich davon ausgehen, daß sie mit synthetischen Farbstoffen gefärbt wurde. Diese sind durchweg echter als Pflanzenfarbstoffe. Aber auch hier gibt es Unterschiede, die auf der Fixierung beruhen, auf der kürzeren bzw. weniger häufigen Einwirkung des Farbbades oder einfach auf der mangelhaften Qualität des Farbstoffs selbst. In jedem Fall bestimmt aber die Qualität der Färbung den Endpreis mit. Der Beweis kommt allerdings meistens zu spät.

Die einzigen wirklich echten Pflanzenfarbstoffe auf Batiken sind Indigo und Mengkudu; das bezieht sich besonders auf die Lichtechtheit. Natursoga ist weniger haltbar, und auf gebrauchten Stücken kann man ihr Vorhandensein oft nur mehr ahnen, während Indigo in voller Farbpracht erhalten ist. Mengkudu wird nur noch sehr selten verwendet. Die Frage, ob Pflanzenfarbstoff oder nicht, ist für den Laien sehr schwer zu beantworten, und man ist auf die Aussage des Verkäufers angewiesen. Natürliche Soga bildet eine Ausnahme; durch extrem lange Einwirkungszeiten wird der Untergrund leicht mit angefärbt, und damit erhält das ganze Stück einen angenehmen Goldton. Aber auch das kann ein erfahrener Färber ziemlich gut nachahmen.

Der Wert einer Batik wird also bestimmt durch:

die Qualität des Stoffes,
die perfekte Ausführung des Wachsauftrags,
die zeichnerische Schönheit der Motive,
die farbliche Harmonie des Musters,
die Echtheit der Färbung und schließlich
durch ihre etwaige Vergangenheit.

6. Anhang

6.1. Symmetrie der Ebene und ihre Anwendung auf javanische Batikmuster

Symmetrie – Gleichmaß – hat die Menschheit seit ihren Anfängen beschäftigt, sei es aus rationellen oder aus ästhetischen Erwägungen. Es ist daher sicher nicht einfach zu entscheiden, welcher der beiden Impulse der ursprüngliche war.

Denkt man an Beispiele aus der Architektur bzw. der Baustoffbranche, so liegt der praktische Wert symmetrischer Formen auf der Hand. Gewebe, an sich schon symmetrische Gebilde, zeigen in der Wiederholung von Farbfolgen neue Symmetrien.

Bei Batikmustern erforderte spätestens die Verwendung des „Cap" die Beachtung ihres symmetrischen Aufbaus. – Erstaunlicherweise lag aber gerade bei einigen der ältesten Batikmuster solch strenge Symmetrie vor, daß ein ganz kleiner Ausschnitt zu ihrer Reproduktion gereicht hätte. Bei einer frei gezeichneten Batik, wie sie früher gefertigt wurde, gab es jedoch keinen Grund, irgendeine Symmetrie einzuhalten, wenn nicht damit ein ästhetisches oder philosophisches Ziel verfolgt worden wäre.

Bei den „geometrischen" Mustern, die sich auf Beispiele aus der Weberei und der Baudekoration zurückführen lassen, gewinnt der praktische Aspekt an Gewicht. Betrachtet man aber die Bedeutung des Kompaßmodells für die javanische Philosophie, dann neigt man eher dazu, die Symmetrie der alten Batikmuster als Mittel zur inneren Einkehr (Meditation)

anzusehen (Vgl. 3.2.1.2.3. Kawung). Diese Auffassung verstärkt sich noch bei den „Semen"-Batiken, in denen hindujavanische Symbole symmetrisch auf floralem Hintergrund angeordnet sind. Hier liegt außerdem die Vermutung nahe, daß man mit der Wiederholung der Symbole deren magische Kräfte zu vervielfachen suchte.

So unwesentlich die Symmetrie für die Praxis der handgezeichneten Batik vielleicht sein mag, so zwingend notwendig ist sie für die Entwicklung neuer Batikmuster, die mit dem Cap ausgeführt werden sollen.

Der Cap-Hersteller muß neben der präzisen Ausführung schon viel Mühe beim Entwurf eines Flächenstempels für einen lückenlosen Rapport aufwenden. Ihm sind die Erkenntnisse der Mathematiker, die nachwiesen, daß es für die Erfüllung einer Fläche mit einem asymmetrischen Motiv nur 17 Symmetriegruppen gibt, vielleicht unbekannt, aber er wendet sie mehr oder weniger unbewußt an.

Im folgenden sollen die im allgemeinen intuitiv benutzten Gesetzmäßigkeiten dieser Symmetrien in Rapportmustern näher erläutert werden.

Was versteht man eigentlich unter „Symmetrie"?

Ein ebenes Muster ist symmetrisch im landläufigen Sinn, wenn es eine Spiegellinie enthält wie etwa ein Herz, ein D oder ein A.

Der Mathematiker spricht aber auch dann noch von Symmetrie, wenn eine Gleitspiegellinie, ein zwei- oder mehrzähliger Drehpunkt oder ein Rapport in einem Muster vorhanden ist.

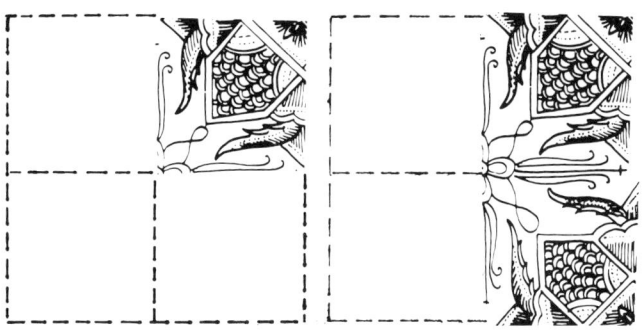 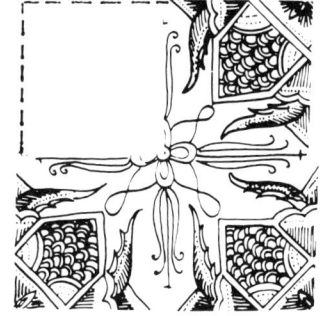 

Abb. A 1: Der Drehpunkt (Hier: der vierzählige Drehpunkt; ein vollständiges Motiv wird durch vier Teildrehungen um je 90° gebildet.)

113

In einem Muster können gleichzeitig verschiedene Symmetrieelemente vorkommen, allerdings kann man sie nicht beliebig kombinieren. Auf einer Tapete oder einem Stoffmuster mit einem Rapport wird man vergeblich echte 5- oder mehr als 6zählige Drehpunkte suchen. Und in der Tat ist bewiesen worden, daß es grundsätzlich unmöglich ist, ein Rapportmuster zu entwerfen, das andere als 1-, 2-, 3-, 4- oder 6zählige Drehpunkte enthält.

Man darf sich allerdings nicht z. B. von einer regelmäßig 5blättrigen Blüte o. ä. in einem Rapportmuster täuschen lassen; ihre 5zählige Symmetrie wird immer nur für sie selbst gelten, aber niemals für das ganze Muster (s. Abb. A 2).

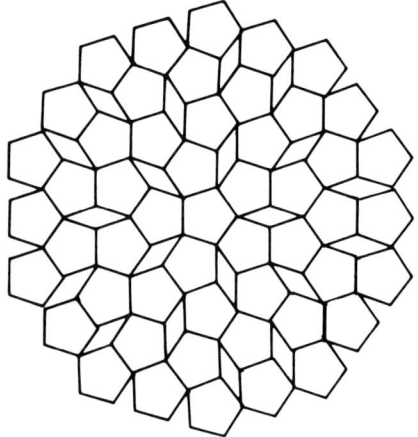

Abb. A 2: Fünfzähliger Drehpunkt. Er ist in einem Rapportmuster nicht wiederholbar!

Wenn hier von einem Symmetrieelement eines Rapportmusters – z. B. einem mehrzähligen Drehpunkt – gesprochen wird, dann ist die natürliche Musterbegrenzung durch den Rand des Stoffes grundsätzlich außer acht gelassen; man hat sich das Muster stets durch den Rapport ins Unendliche erweitert vorzustellen.

Um eine weitere Behandlung des Themas zu erleichtern, ist es zweckmäßig, hier den Begriff des Vektors einzuführen. Ein Vektor ist eine mathematische Größe, die durch eine Richtung und eine Länge (Betrag) definiert ist. Für Vektoren werden Symbole wie $\vec{a}, \vec{b}, \vec{c}$ verwendet. Ihre Längen bezeichnet man der Konvention gemäß mit a bzw. b, c; s. Abb. A 3a.

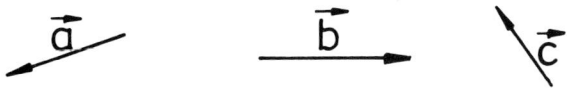

Abb. A 3 a: Vektoren verschiedener Richtung;

Ein eindimensionaler Rapport entsteht, wenn man ein Motiv periodisch um einen bestimmten Vektor verschiebt; s. Abb.

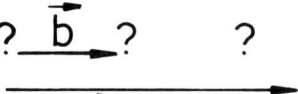

Abb. A 3 b: Eindimensionaler Rapport;

A 3b. Einen 2dimensionalen Rapport erhält man durch wiederholte Verschiebung eines Motivs sowohl um einen Vektor $\vec{a}$ als auch um einen Vektor $\vec{b}$. Diese beiden Vektoren $\vec{a}$ und $\vec{b}$ schließen einen von 0° verschiedenen Winkel γ ein (s. Abb. A 3c).

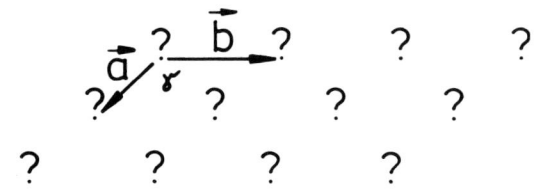

Abb. A 3 c: Zweidimensionaler Rapport.

Die Mathematiker unterscheiden (aus praktischen Erwägungen) 5 verschiedene Möglichkeiten, einen 2dimensionalen Rapport zu konstruieren. Jede dieser Möglichkeiten wird der Einfachheit halber durch das Gitter dargestellt, das man erhält, wenn man als Grundmotiv nicht wie oben ein Fragezeichen, sondern einen Punkt wählt.

Die 5 Punktgitter sind in Abb. A 4 zusammengestellt. Sie werden durch die Beziehung zwischen ihren Gitterkonstanten a, b und γ eindeutig beschrieben (s. Tab. A 1). Dasselbe Gitter kann allerdings durch verschiedene Sätze von Gitterkonstanten dargestellt werden, wie z. B. in Abb. A 5 sowohl durch a, b, γ als auch durch $a_1, b_1, γ_1$ oder $a_2, b_2, γ_2$. Die Gitterkonstan-

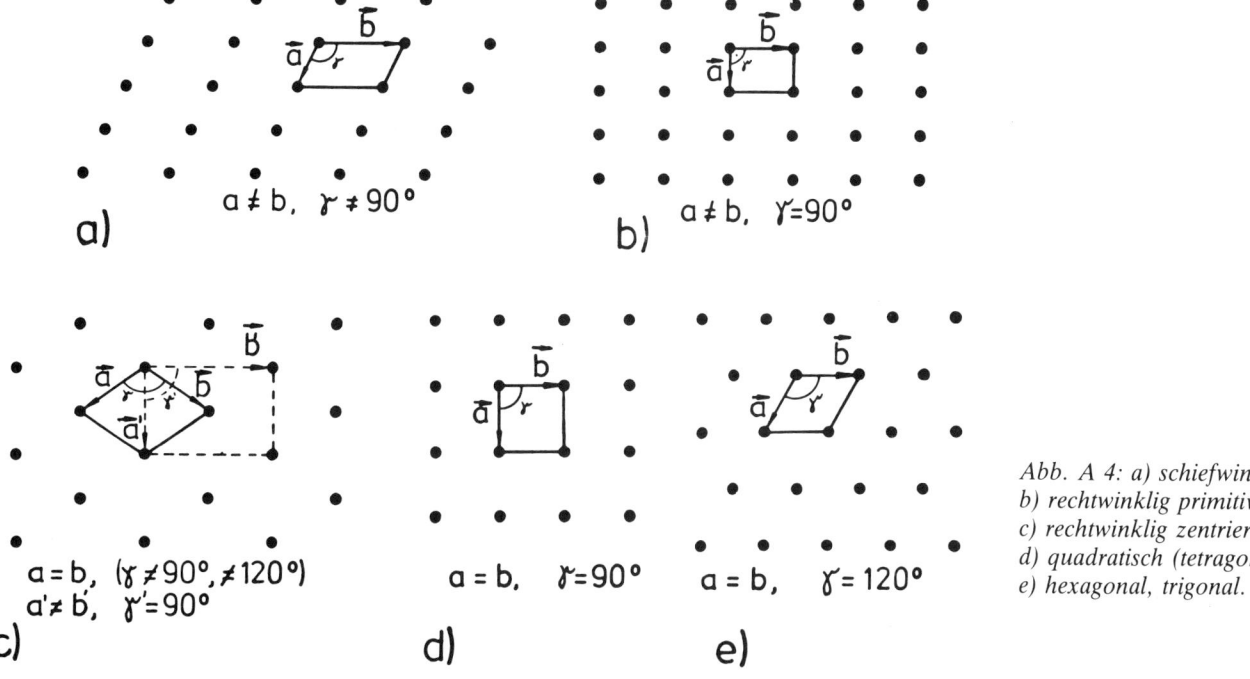

a) $a \neq b$, $\gamma \neq 90°$

b) $a \neq b$, $\gamma = 90°$

c) $a = b$, $(\gamma \neq 90°, \neq 120°)$
$a' \neq b'$, $\gamma' = 90°$

d) $a = b$, $\gamma = 90°$

e) $a = b$, $\gamma = 120°$

Abb. A 4: a) schiefwinklig;
b) rechtwinklig primitiv;
c) rechtwinklig zentriert;
d) quadratisch (tetragonal);
e) hexagonal, trigonal.

ten werden aber aus einleuchtenden Gründen so gewählt, daß die durch sie beschriebene Gittermasche (Elementarzelle) eine möglichst kompakte Form hat.

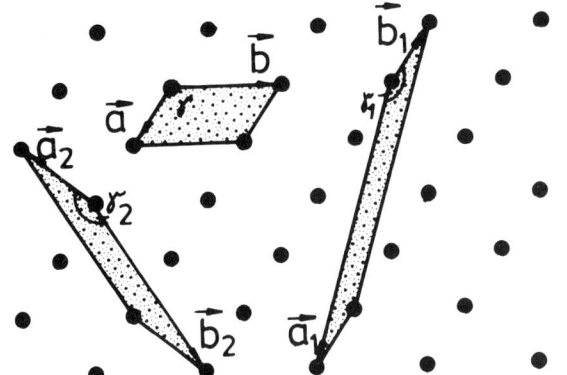

Abb. A 5: Verschiedene Möglichkeiten der Wahl einer Elementarzelle in einem Gitter. (Alle haben den gleichen Flächeninhalt, aber sind verschieden gut meßbar.)

Versucht man das rhombische Gitter (vgl. Abb. A4) anstatt durch a, b, γ durch a', b', γ' = 90° zu konstruieren, so erfaßt man nur die Hälfte seiner Gitterpunkte.

Das vollständige rhombische Gitter wird erst durch Ineinanderstellen zweier Gitter mit den Gitterkonstanten a', b' γ' beschrieben; s. Abb. A 6c. Man sagt dann, „das rhombische Gitter ist mit der rechtwinkligen Zelle a', b', γ' zentriert aufgestellt". Symbol für die Zentrierung ist **c**, während man die einfache (primitive) Aufstellung (Abb. A 6a) mit **p** bezeichnet.

Wie schon erwähnt, können die in Tab. A 1 zusammengestellten Symmetrieelemente nur auf 17 fundamental verschiedene Arten mit einem 2-dimensionalen Rapport kombiniert werden. Der Beweis ist zu umfangreich, als daß man ihn hier darstellen könnte. Es mag genügen zu erwähnen, daß nur Drehwinkel bis 180°, deren Cosinus 0, ½ oder 1 beträgt, möglich sind, also: 60, 90, 120 und 180°. In Abb. A 7 sind die 17 Kombinationsmöglichkeiten der Symmetrieelemente dargestellt und auf ein asymmetrisches Grundmotiv – in diesem Fall ein Fragezeichen – angewandt.

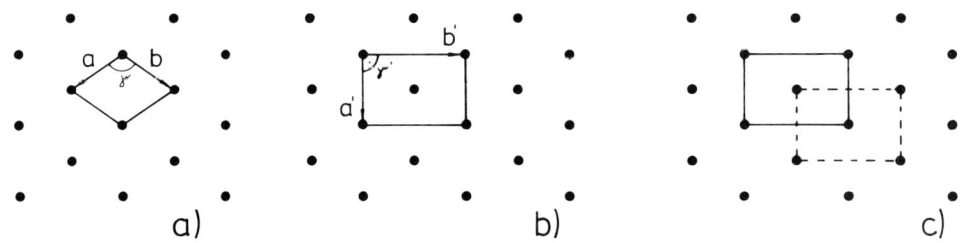

Abb. A 6: Verschiedene ,,Aufstellung" des rhombischen Gitters. a) primitive Aufstellung , Symbol **p**; b) zentrierte Aufstellung, Symbol **c**; c) Erfassung des Zentrums durch ein zweites c-Gitter. Beachte: Die Fläche des zentrierten Gitters ist doppelt so groß wie die des primitiven!

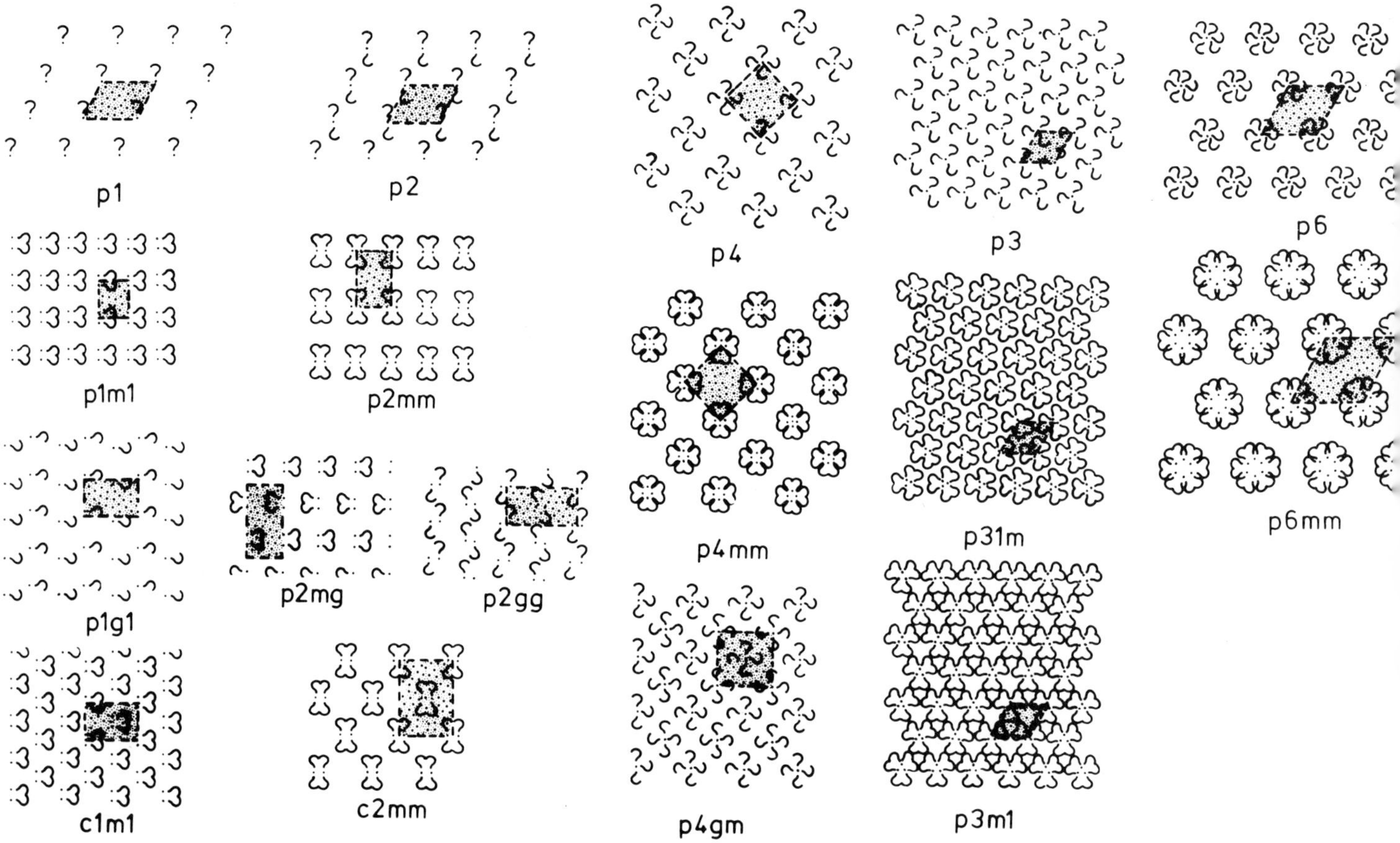

p1

p2

p4

p3

p6

p1m1

p2mm

p4mm

p31m

p6mm

p1g1

p2mg   p2gg

c1m1

c2mm

p4gm

p3m1

Abb. A 7: Die 17 Ebenengruppen (Das Fragezeichen wurde als asymmetrisches Motiv Symmetrieoperationen in **allen** möglichen Kombinationen unterworfen.)

Durch unterschiedliche Stellung eines solchen asymmetrischen Motivs zu den Symmetrieelementen können ganz verschiedene Muster entstehen, die trotzdem zur selben Symmetriegruppe gehören, wie Abb. A 8 deutlich zeigt.

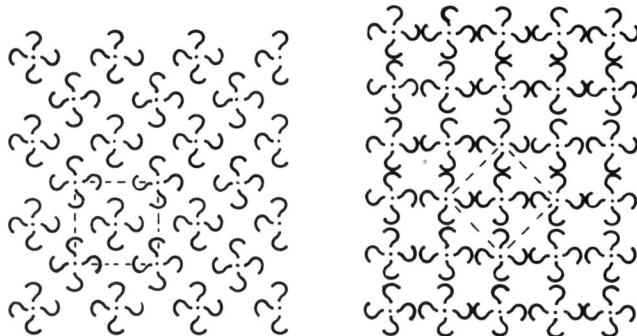

Abb. A 8: Unterschiedliche Stellung des asymmetrischen Motivs zu den Symmetrieelementen.

Zur Übung kann sich der Leser Tapeten oder Stoffe in seiner Umgebung vornehmen und versuchen herauszufinden, welcher der 17 ebenen Symmetriegruppen sie zuzuordnen sind. – Man kann daraus auch ein Gesellschaftsspiel machen.

In traditionellen javanischen Batiken findet man weder 3- noch 6-zählige Drehpunkte, obwohl der Islam, der diese Symmetrieelemente häufig bevorzugt, wesentlich zur Blüte dieser alten javanischen Technik beigetragen hat. Dagegen gibt es viele Beispiele der Symmetriegruppen p2 (Parangmuster, Lereng), p1m1 und c1m1 (Semenmuster), p4gm (Slobok, Banji) und p4mm (Ceplok- und Nitikmuster) sowie einige p2mg, p2gg und p1g1 (Semenmuster). (S. Abb. A 9 u. 10).

Oft sind jedoch die Muster auf den ersten Blick symmetrischer als nach längerer Betrachtung. Durch winzige Veränderungen kann die Elementarzelle wesentlich vergrößert werden, oder ein Drehpunkt kann auf 1 reduziert werden. Betrachtet man z. B. ein „Kesatryan", so hat man zunächst den Eindruck eines hochsymmetrischen Rapportmusters der Gruppe 4mm. Auf den zweiten Blick erweisen sich aber die Parangstreifen als störend, da sie auf den Plätzen der Spiegellinien liegen ohne selbst dieser Spiegelung zu entsprechen. Damit wird die Symmetrie des Musters auf 4 zurückgestuft. Enthält außerdem der Stern eine 5-zählige oder auch nur azentrisch gelagerte

Blüte, dann ist auch der 4-zählige Drehpunkt nicht mehr gegeben (s. Abb. A 11). Manchmal ist die Symmetrie auch aufgehoben durch farbliche Unterschiede der identischen Motive oder durch unterschiedliche „Isen". In Semenmustern bezieht sich die Symmetrie nur auf die Anordnung der Symbole, wogegen der Hintergrund mit dem unregelmäßigen Rankenwerk vernachlässigt ist. Diese willkürlich herbeigeführte Störung der Symmetrie kommt dem islamischen Gefühl zustatten, die nur Allah Vollkommenheit zubilligt.

Tabelle A 1: Symmetrieelemente und -operationen

Symmetrieelement	graph. Symbol	gedruckt. Symbol	Beispiele
1-zähliger Drehpunkt[1]		1	
2-zähliger Drehpunkt[2]		2	
3-zähliger Drehpunkt[3]	▲	3	
4-zähliger Drehpunkt[4]	■	4	
6-zähliger Drehpunkt[5]	⬡	6	
Spiegellinie	—	m (mirror)	
Gleitspiegellinie[6]	- - - - -	g	

[1] Muster kommt nach einer Drehung um 360° (360/1) mit sich selbst zur Deckung
[2] Muster kommt nach einer Drehung um 180° (360/2) mit sich selbst zur Deckung
[3] Muster kommt nach einer Drehung um 120° (360/3) mit sich selbst zur Deckung
[4] Muster kommt nach einer Drehung um 90° (360/4) mit sich selbst zur Deckung
[5] Muster kommt nach einer Drehung um 60° (360/6) mit sich selbst zur Deckung
[6] Spiegelung an einer Linie bei gleichzeitiger Verschiebung des Motivs um ½ Rapportlänge entlang dieser Linie

117

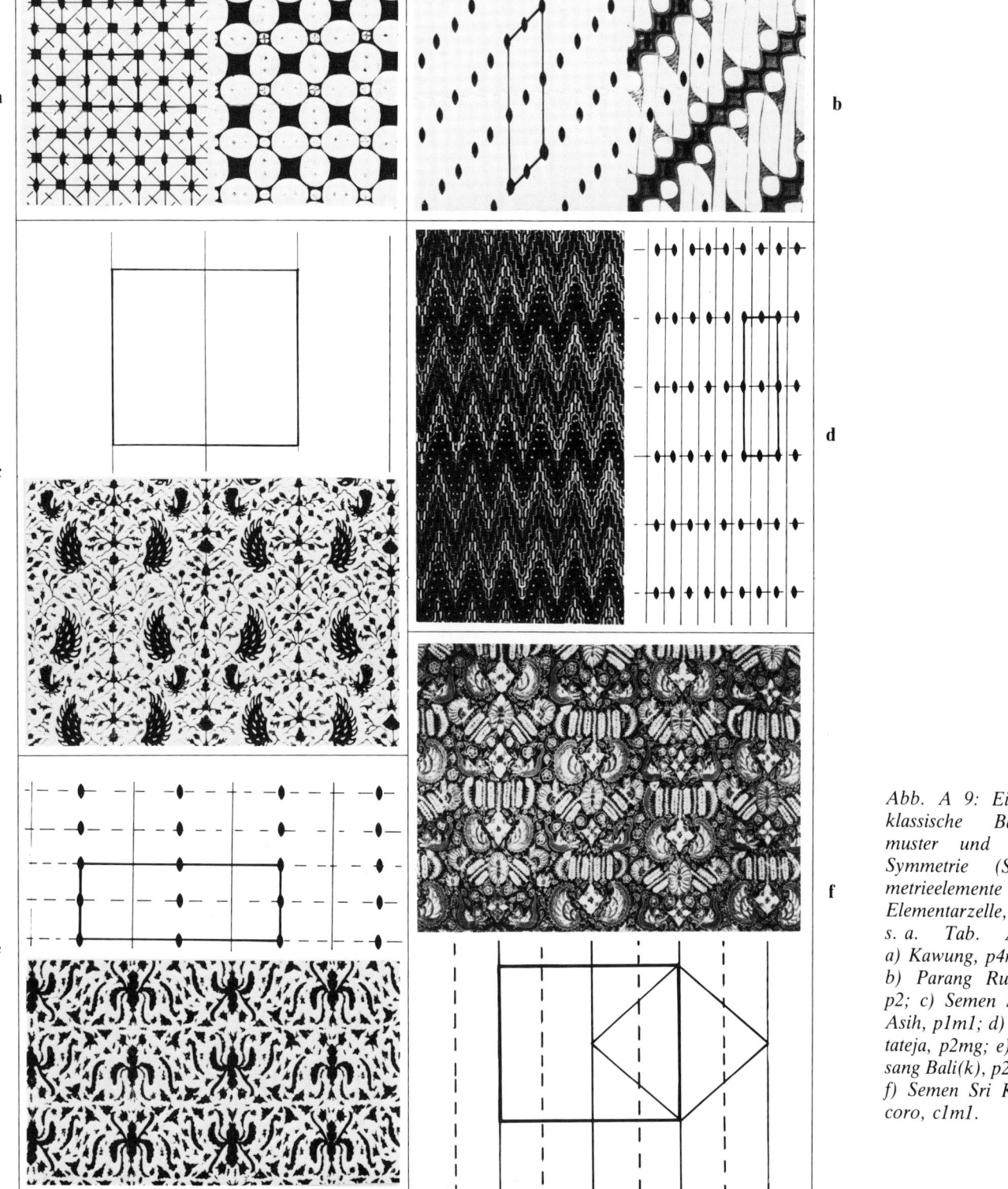

Abb. A 9: Einige klassische Batikmuster und ihre Symmetrie (Symmetrieelemente und Elementarzelle, s. a. Tab. A 1) a) Kawung, p4mm; b) Parang Rusak, p2; c) Semen Sido Asih, p1m1; d) Tirtateja, p2mg; e) Pisang Bali(k), p2mg; f) Semen Sri Kuncoro, c1m1.

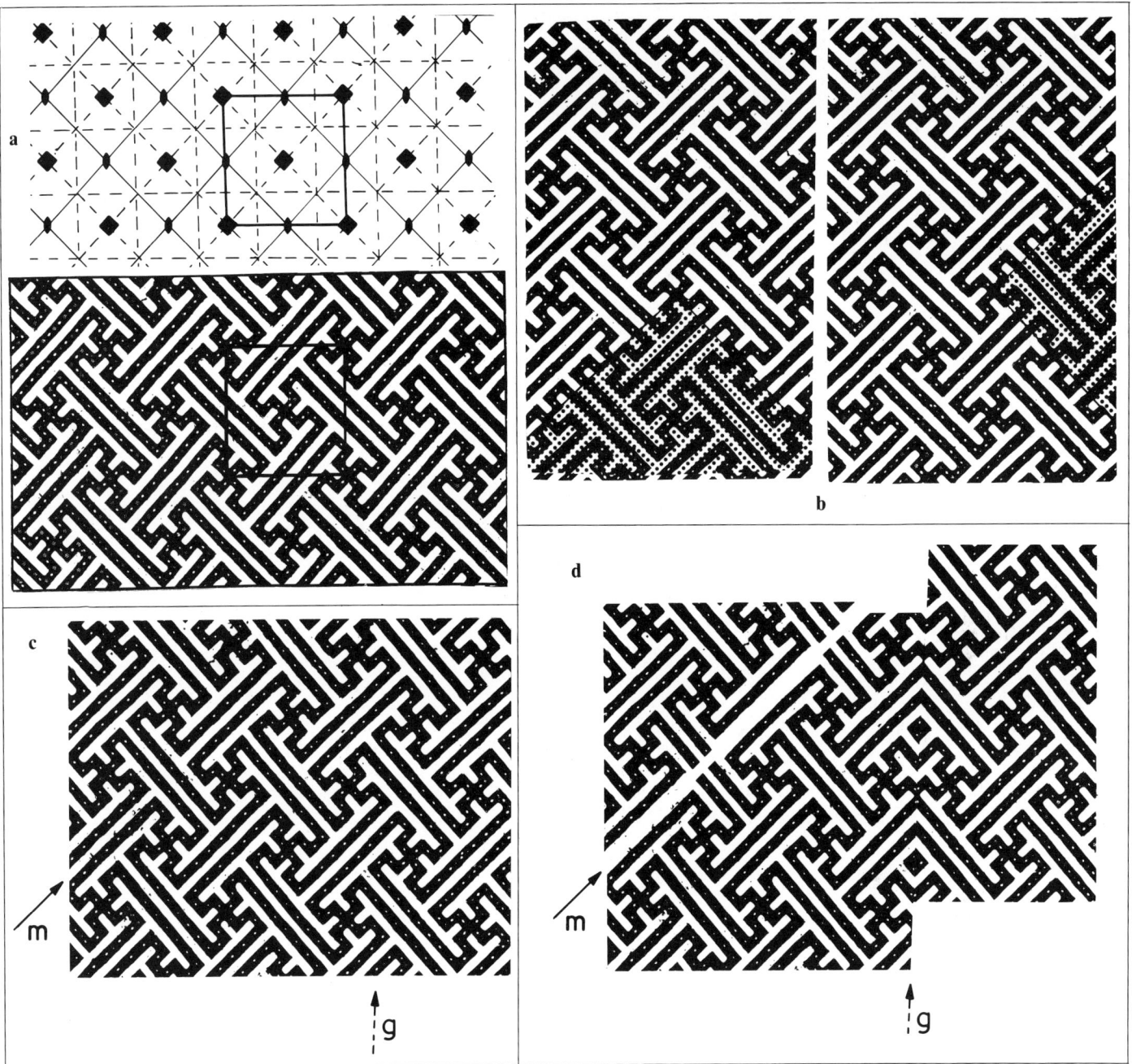

Abb. A 10: Symmetrieelemente und Symmetrieoperationen an einem Muster der Ebenengruppe p4gm; Beispiel „Banji", Batik tulis; Pasisiran um 1900; Indigo und Mengkudu. a) Symmetrieelemente und Elementarzelle; b) Erste und zweite Vierteldrehung um einen vierzähligen Drehpunkt; beachte auch zweizählige Drehpunkte! c) Lage je einer Spiegel- und Gleitspiegellinie; d) Wirkung dieser beiden Symmetrieoperationen. Bemerkung: Da es sich um ein altes und handgezeichnetes Stück handelt, weichen die Drehwinkel geringfügig von 90° ab.

Abb. A 11: Beispiel einer scheinbar hohen Symmetrie und der absichtlichen Durchbrechung dieser in einem traditionellen Muster des Hofes von Yogyakarta: ,,Kesatrya".

6.2. Literatur zum Anhang

BLAKEMORE, J.S.: Solid State Physics; Saunders Company, Philadelphia, 1970.

BUERGER, M.J.: Elementary Crystallography. – John Wiley & Sons, Inc., New York 1962.

HEESCH, H.: Reguläres Parkettierungsproblem. – Westdeutscher Verlag, Köln u. Opladen 1968.

KITTAIGORODSKI, A.I.: Order and Disorder in the World of Atoms; Springer-Verlag, New York, Berlin, Heidelberg, 1967

KLEBER, W.: Einführung in die Kristallographie, 6. Aufl., VEB-Verlag Technik, Berlin, 1962.

KLEMM, M.: Symmetrien von Ornamenten und Kristallen; Hochschultext Springer-Verlag, New York, Berlin, Heidelberg, 1982

LOEB, A.L.: Color and Symmetry; Wiley & Sons, 1971

LONSDALE, K. & HENRY, N. F. M.: International Tables for X-Ray Crystallography, Vol. I, Kynoch Press, Birmingham, 1952

MACGILLAVRY, C.H.: Symmetry aspects of M.C. Escher's periodic drawings, A. Oosthoek's Uitgevers Mij. N. V., Utrecht, 1965

NIMAN, John & NORMAN, Jane: Mathematics and Islamic Arts in: The American Math. Monthly, Vol. 85, **6**, pp. 489-490 (1978)

POLYA, G.: Zeitschr. f. Kristallogr. **60,** 278 (1924)

SCHATTSCHNEIDER, D.: Plane Symmetry Groups. in: The American Math. Monthly, Vol. 85, **6**, pp. 439-450 (1978)

SHUBNIKOW, A.V. & KOPSIK, V.A.: Symmetry in Science and Art; Plenum Press, London and New York, 1974

WONDRATSCHEK, H.: Symmetrie in der Ornamentik. in: Schriftenreihe der Techn. Universität Wien, Bd. 16: Symmetrie. Springer-Verlag Wien, New York 1980; Hrsg. A. Preisinger

Der Anhang entstand in Zusammenarbeit mit Herrn Dipl.-Min. Dr. R. ROTHBAUER, Weidenstr. 11, 6234 Hattersheim-Okriftel.

7. Literaturverzeichnis

ACHJADI, Judi: Indonesian Women's Costumes. – Verlag Djambatan, Jakarta 1976.

ADAMS, Monni: Symbolic Scenes in Javanese Batik. – Textile Museum Journal, Vol. III, No. 1, 1970.

ADAMS, Monni: Threads of Life. – The Katonah Gallery, New York 1981.

BÄUMLER, Ernst: Ein Jahrhundert Chemie. – Econ-Verlag, Düsseldorf, 1963.

BELFER, Nancy: Designing in Batik and Tie Die. – Davis Publications, Inc., Worcester Mass., 1972.

BEYER, Hans: Lehrbuch der organischen Chemie, 9. Aufl. – Verlag S. Hirzel, Leipzig, 1962.

BODROGI, Tibor: Kunst in Indonesien. – Verlag A. Schroll & Co., Wien und München, 1972.

BRAKE, Brian & LAU, Raymond: A Glimpse of Indonesian Fabrics and Jewellery. – Sammlung Frau Ibnu Sutowo; Siemens Hongkong, 1975.

BÜHLER, Alfred; RAMSEYER; Urs & RAMSEYER-GYGI, Nicole: Patola und Geringsing. – Museum für Völkerkunde und Schweizerisches Museum für Volkskunde, Basel, 1975.

BUNDESZENTRALE für politische Bildung: Informationen zur politischen Bildung 144: Südostasien. – Bonn, 1971.

DJAJASOEBRATA s. VELDHUISEN-DJAJASOEBRATA

DJAMADIL, A. A. dkk.: Pakaian Adat (Daerah) Jilid 1. – P. T. Karya Nusantara, Jakarta, 1976.

DJAMADIL, A. A. dkk.: Pengatin-pengantin daerah, Jilid 1B. – P. T. Karya Nusantara, Jakarta, 1976.

DOUMAS, Christos: Wurden Kreta und Thera zur gleichen Zeit zerstört? – Die Umschau, 83, Nr. 10, S. 308–12, Frankfurt 1983.

DYRENFORTH, Noel & HOUSTON, John: Batik with Noel Dyrenforth. – Orbis Publishing Ltd., London, 1975.

GITTINGER, Mattiebelle: Splendid Symbols. – The Textile Museum, Washington D. C., 1979.

GITTINGER, Mattiebelle: Irene Emery Round Table on Museum Textiles 1979 Proceedings: Indonesian Textiles. – The Textile Museum, Washington D. C., 1980.

FISHER, Joseph: Threads of Tradition. – University of California, Berkeley, Ca., 1979.

GOSLINGS, B. M.: Heeft er te Palembang een door de eigen Bevolking uitgeoefende Batikkunst bestaan? – Nederl. Indie oud en nieuw, 17, Nr. 2, 3, 4; 1932.

GOSLINGS, B. M.: Roodgekleurde Djambi-Batiks. – Nederl. Indie oud en nieuw, 15, Nr. 11, 1930.

GOSLINGS, B. M.: Het Batikken in het Gebied der Hoofdplaats Djambi. – Nederl. Indie oud en nieuw, 14, Nr. 5, 6, 7; 1929.

HAAKE, Annegret: Batik aus Java – lebendige Tradition. – Frankfurter Sparkasse von 1822, Frankfurt, 1976.

HAAKE, Annegret: Tambal – javanisches Patchwork in Batiktechnik. – Textilkunst, 12, Heft 3, 1984.

HAMZURI, Drs.: Batik klasik (Classical batik). – Verlag Djambatan, Jakarta, 1981 (m. engl. Übers. v. Judi Achjadi).

HANDWÖRTERBUCH der Naturwissenschaften, 3. Bd.: Echinoderida – Fette. Verlag Gustav Fischer, Jena, 1933.

HARAHAP, E. St.: Kamus Indonesia Ketjik, 4. Aufl. – Verlag B. Angin, Jakarta, 1952.

HARDJONAGORO, Kangjeng Raden Tumenggung: The Place of Batik in the History and Philosophy of Javanese Textiles: A Personal View. – in: Irene Emery Round Table on Museum Textiles 1979 Proceedings, The Textile Museum, Washington D. C., 1980.

HARDJOWIROGO: Sejarah Wajang Purwa. – P.N. Balai Pustaka, Djakarta, 1968.

HELLER-SEITZ, Marianne: Der Batikkurs. – Verlag Otto Maier, Ravensburg, 1982.

HERRFURTH, Hans: Djavanisch-Deutsches Wörterbuch. – VEB-Verlag Enzyklopädie, Leipzig, 1972.

HOLZ, Irmgard: Batik aus Java. – Galerie für Kunst und Kunsthandwerk aus Südostasien, Hamburg, 1977.

van der HOOP, Th.: Indonesische Siermotieven. – Koninglijk Bataivaesch Genootschap van Kunsten en Wetenschapen, 1949; Nachdruck Bandung 1975.

HORNE, Elinor Clark: Javanese-English Directory. – New Haven & London, Yale University Press, 1974.

IONS, Veronica: Indische Mythologie. – E. Vollmer Verlag, Wiesbaden, 1967.

JASPER, J. E. & PIRNGADIE, Mas: De Inlandsche Kunstnijverheid in Nederlandsch Indie, Vol. 3: De Batikkunst. – Mouton, s'Gravenhage, 1916.

KAHLENBERG, Mary H.: Textile Traditions of Indonesia. – Los Angeles County Museum of Art, Los Angeles, 1977.

KAHLENBERG, Mary H.: The Influence of the European Herbal on Indonesian Batik. – in: Irene Emery Round Table on Museum Textiles 1979 Proceedings. – The Textile Museum, Washington D. C., 1980.

KAJITANI, Nobuko: Traditional Dyes in Indonesia. – in: Irene Emery Round Table on Museum Textiles 1979 Proceedings. – The Textile Museum, Washington D. C., 1980.

KAROW, Otto & HILGERS-HESSE, Irene: Indonesisch-Deutsches Wörterbuch. – Verlag Otto Harrassowitz, Wiesbaden, 1962.

KATS, J.: Het Javaansche Tooneel, dl. 2: Wajang Poerwa. – Weltevreden, 1923.

KELLER, Ila: Batik, the Art and the Craft. – C. E. Tuttle Co., Inc. of Rutland, Vermont & Tokyo, 1966.

KERTSCHER, W.: Die javanische Batikindustrie. – in: Melliand Textilberichte, Vol. 23, Nr. 2, 3, 5, 7, 9; Heidelberg, 1952.

KIFFMEYER, Petra: Analyse und Interpretation ausgewählter Beispiele javanischer Batik. – Diplomarbeit, 2. Lehrerex., Düsseldorf, 1980.

LANGEWIS, Laurens & WAGNER, Frits: Decorative Art in Indonesian Textiles. – N. V. Boekhandel en Uitgeverij van der Peet, Amsterdam, 1964.

LARSEN, Jack Lennor: The Dyer's Art. – Van Nostrand Reinhold, New York, 1976.

LEHMANN, Joachim W.: Batik (Anwendung der Farbstoffe im Batikverfahren). – ATA -F-F, HOECHST AG, Frankfurt, 1977.

LOEBER, Alfred: Das Batiken, eine Blüte indonesischen Kunstlebens. – Oldenburg, 1926.

MACMILLAN-ARENSBERG, Susan: Javanese Batiks. – Museum of Fine Arts, Boston, o. Jahreszahl (Katalog).

MARZUKI, Yazir, TIRTAAMIDJAJA, N. & ANDERSON, B.: Batik – Pola dan Corak. – (Pattern and Design) Verlag Djambatan, Jakarta, 1966.

MAXWELL, John R. & MAXWELL, Robyn J.: Textiles of Indonesia. – Hrsg. Indonesian Arts Society; Nat. Gallery of Victoria, Australien, 1976.

NABHOLZ-KARTASCHOFF, Marie-Louise: Batik – Formen und Verbreitung eines Reserveverfahrens zur Musterung von Textilien. – Museum für Völkerkunde und Schweizerisches Museum für Volkskunde, Basel, 1970.

van NOUHUYS, J. W.: De Oorsprong van de Toempal-Kapala der javaansche Batik-Sarong. – Ned. Indie oud en nieuw, 14, Nr. 7, 1929.

PAERELS, J. J.: Uit de Geschiedenis der Indigocultuur. – in: Ned. Indie oud en nieuw, 8, 1923–1924.

PINK-WILPERT, Clara: Das indonesische Schattentheater. – Holle-Verlag, Baden-Baden, 1976.

PRICE, Christine: Made in the South Pacific. – E. P. Dutton, Div. of Sequoia-Elsevier Publ. Comp. Inc., New York, 1979.

de RAADT-APELL, M. J.: De Batikkerij Van Zuylen te Pekalongan. – Uitgeverij Terra-Zutphen, 1980.

RAFFLES, Sir Thomas St.: History of Java, Vol. I. – John Murray, London, 1830.

RAMSEYER, Nicole und Urs, s. BÜHLER

ROUFFAER, G. P. & JUINBOLL, H. H.: De Batikkunst in Nederlandsch Indie en haar Geschiedenis. – Utrecht, 1914.

SAMSI, Sri Sudewi: Pembuatan Lilin Batik (Herstellung von Batikwachs). – Departemen Perindustrian R. I., Yogyakarta, 1978.

SMEND, Rudolf: Java-Batik aus Pekalongan. – Textilkunst, 9, Heft 4, 1981.

SOEPRAPTO, R.: Seni Batik, Indonesische Zeitschr. im Museum Pusat Nr. B3822, 1–6, Jakarta, 1962.

SOETOPO, S.: Batik. – in: Pendidikan dan Kebudajaan Nr. 9, Jakarta, 1956.

SOLYOM, Garret & SOLYOM, Bronwen: Cosmic Symbolism in Semen and Alas-alasan Patterns in Javanese Textiles. – in: Irene Emery Round Table on Museum Textiles 1979 Proceedings. – The Textile Museum, Washington D. C., 1980.

SOLYOM, Garret & SOLYOM, Bronwen: Notes and Observations on Indonesian Textiles. – in: FISHER, ,,Threads of Tradition", Berkeley Ca., 1979.

SPEE, Miep: Traditionele en moderne Batik. – Cantecleer bv., de Bilt, 1977 (deutsche Übers. bei Hörnemann).

STEINMANN, Alfred: Das Batiken. – CIBA-Rundschau 69, S. 2528–67, 1947.

STEINMANN, Alfred: Das Schiff in der darstellenden Kunst Südostasiens. – CIBA-Rundschau 69, S. 2382–2439, 1947.

SUDJA, Dra. Wasilh Abu: Proses Pembuatan dan Pewarnaan Batik di Indonesia. – (Herstellungs- und Färbeprozeß indonesischer Batik.) P. T. Karya Nusantara, Cabang Bandung, 1979.

SUSANTO, S. K. Sewan: Seni Kerajinan Batik Indonesia. – Balai Penelitian Batik dan Kerajinan, Lembaga Penelitian dan Pendidikan Industri, Departemen Perindustrian R. I., Yogyakarta, 1973.

THOMSEN, M. (Red.), KAROW, Otto, POLAK, J., SELTMANN, F. & SIEGLER, K. G.: Java und Bali. – (Ausstellungskatalog). Verlag P. van Zabern, Mainz 1980.

TIRTA (AMIDJAJA), Iwan & LAU, R.: Batik the Magic Cloth. – Pertamina, Jakarta, 1974.

URSIN, A. & KILCHENMANN, K.: Batik, Harmonie mit Wachs und Farbe. – Verlag Haupt, Bern, 1979.

VELDHUISEN-DJAJASOEBRATA, Alit: Batik op Java. – Museum voor Land- en Volkenkunde, Rotterdam, 1972.

VELDHUISEN-DJAJASOEBRATA, Alit: On the Origin and Nature of Larangan: Forbidden Patterns from the Central Javanese Principalities. – in: Irene Emery Round Table on Museum Textiles 1979 Proceedings. – The Textile Museum, Washington D. C., 1980.

VICTORIA AND ALBERT MUSEUM: Batiks. – Her Majesty's Stationary Office, London, 1969.

VÖLKERKUNDE, Museum für: Baststoffe und Gewebe. – Frankfurt am Main, 1973.

VOGT, Hans-Heinrich: Farben und ihre Geschichte. – Kosmos-Bibliothek 280, Franck'sche Verlagshandlung W. Keller & Co., Stuttgart, 1973.

WAGNER, Frits: Indonesien, die Kunst eines Inselreiches. – Kunst der Welt im Holle-Verlag, Baden-Baden, 1959.

WARMING, Wanda & GAWORSKI, Michael: The World of Indonesian Textiles. – Kodansha Internat. New York, 1981.

WASSING-VISSER, Rita: Weefsels en Adatkostuums uit Indonesie. – Volkenkundig Museum Nusantara, Delft, 1982.

WASTRAPREMA Society: Kain Adat. – Jakarta, 1976.

WILPERT, Clara B.: Götter und Dämonen. – Die bibliophilen Taschenbücher, Nr. 185, Harenberg Kommunikation, Dortmund 1980.

YOGI, Olga: Lurik, a Traditional Textile in Central Java. – in: Irene Emery Round Table on Museum Textiles 1979 Proceedings. – The Textile Museum, Washington D.C., 1980.

YOSHIMOTO, Shinobu: Indonesia Senshoku Taikei (Indonesische Textilien), Vol. I und II (japanisch). – Verlag Shikosha, Kyoto, 1977.

8. Bildnachweis

Studio Beyersdorfer, Kronberg:
Tafel VIIa, X und XX (Einband),

Brian Brake, Neuseeland:
Tafel XII und XIII,

Jo Firmenich, Köln:
Tafel VIII, IXa, b und XXI.

Alle anderen Fotos und Zeichnungen von der Verfasserin mit Leica R3 und Kodak Reflex S.

(Repros nach Korrespondenz mit dem Rijksmuseum voor Volkenkunde, Leiden (Abb. 40c) und Herrn Professor Dr. Doumas, Athen (Abb. 13)).

Teilweise Verwendung von Vorlagen aus JASPER & PIRNGADIE, 1916. (Abb. 19, 22, 23, 24, 36) und HARDJOWIROGO, 1968 (Abb. 47).

9. Stichwörterverzeichnis

A

Agung, Sultan 35, 41, 47, 91
alas-alasan 37, **59**, 91, Abb. 32
Alaun 20, 21, 22, 30
Alizarin 17, **20**
alun-alun 50
ambatik (mbatik, membatik) 8
Amri Yahya Tafel V
anglo 25, Abb. 7
Anilinfarbstoffe 37
Anthracen 19
Anthrachinon 19
Anthralan 23
Anthrasole 17, 19, 23
anyaman 37, **42**, Abb. 18
Aporoso fructesceus 20
Araber 91
Areng saccharifera 38
Artocarpus integrifolia 22
awak Abb. 6
Azoverbindung 20

B

badan 67, 68, 70, 84, 100, 105, Tafeln IX,
   XXI, XXIV, Abb. 44
Bagong 53, Abb. 47
Bagong Kussudiarjo Tafel V
baito **50**, 59
Bali Tab. 4
Balongam Abb. 41
Bambang Oetoro Tafel V
bandji s. banji
bandul 25, Abb. 7
Bandung 100
bangbangan 31
bango butak 86
bango tulak 60
bangun tulak 60
bangunan **50**, Abb. 23
banji 8, 37, **38**, 48, 63, Abb. 14
banji kasut Abb. 14
Bantam 31
Banyumas 97, Tab. 4, Tafeln VII, XVIII,
   XXIII
Bat(h)ara Guru 36, 41, 49, 50, **51**, Abb. 47
Bayu = Wahyu 93, Abb. 47
bebed 83
bedesan 31
Beizen 10, 19, **20**, 23

Beizenfärberei **19**, 22
beletan 23
bengkok Abb. 38
benoa 60
Berkolin 11, Tab. 1
Bienenwachs Tab. 2, 3; **15**
Bima = Werkodara 93, Abb. 47
binatang **50**, Abb. 23
biron s. a. mbironi Tab. 2, 3; 24, 31
biru 11, Tab. 1, 4; 29
blaco 11, Tab. 1
blangkon 87, 90, Tafel XVI
blarak 23
Blattgold 60
Blauholz 23
bledak **66**
blendok trembalo 21, 22
blibar Abb. 15
Blumbangan 60, 67, 86
Borax 21, 22
Borneo = Kalimantan 56
Borobudur 38, 41, Abb. 12
Bra(h)ma 36, 49, 50, 51, Abb. 47
Brüche (Krakelé) 16, 95, 113
Buddha 51
Buddhismus 41, 62, 77
buketan 37, **61**, 67, 73, 100, 102, Tab. 4,
   Abb. 44, Tafeln VII, VIII, IX, XXIII
burung **50**, 59, Abb. 23
burung dewata 50

C

cacah gori 64, Abb. 36
cakra 42, Abb. 47
cambric (kambrik) Tab. 1
candi **50**, 52, 59
cantel 64
canting 8, **24**, Abb. 6, 7
cap Tab. 1, 4; 13, **25**, 36, Abb. 8, 9, 50, 51
cap sen 11
carat 24, Abb. 6
Carminsäure 21, 22
Carthamus tinct. 22
cecek 24, **64**,
celana = Hosen 88, Tafel XVI
Celebes = Sulawesi
celup, mencelup 31
cemukiran 50, 67, 86, 87, 91, Abb. 38

ce(m)paka mulyo Abb. 14
cengkir 23
ceplok(an) 37, **38**, 42, 44, 63, 93, 102, 105,
   Abb. 14, Tab. 4
ceplok prabu anom 49, 63, Abb. 35
Ceriops candolleana arn. 21
Chinesen, chinesisch 9, 10, 61, 77, 82, 94, 100,
   Tab. 4
Ciamis 100, Tab. 4
cinde 42, 88; Abb. 16, 18, 32
Cirebon 23, **78**, 82, 100, Tab. 4, Abb. 39, 41,
   42, Tafeln XIV, XV
cocokan **75**, 100, Tab. 4
coletan = dulitan 19, 31
Congorot s. Kongorot 23
Cryptocoryne ciliata 38
cucuk s. carat
Cudrania javaensis **21**, 22
Curcuma, Curcumin 22, 23
cuwiri 100, Abb. 28, 37

D

dalang 93
Damarharz 15, Tab. 2
dapa tanjung Abb. 18
dapa sungsun Abb. 18
dara muluk 49
desthar s. iket kepala 87
dewi Sri 36, 51
Diamin 23
Diponegoro 102
dodot 50, 60, 67, 84, **86**, 88, 91, Tab. 4,
   Abb. 32
do-fu s. tahu 10, 16
Doppelikat 38, **42**
Dualismus **36**, 51, 91
Dua Negeri 17, 100
dulitan s. coletan
Durna 93, Abb. 47

E

Echtfarbsalz 20, 21
Eisenvitriol 18, 19
Entwicklung s. Kupplung 19

F

Fadendichte Tab. 1
Färberwaid 18
Farblack 17, 20

Fibrillen 18
Fiji 68
Flavon 23
Fürstenländer 37, **95,** Tab. 4
Fuja 67, 84, Abb. 40

G

gadung melati 60
Gajah 83, Tafel IV
gajih binatang 16
galar(an) 64, Tafel VIII
Ganesha 78, 83
gangga mina 78
ganggong 37, **38,** 102, Abb. 15, Tafel IV
ganggong satryo wibawa Abb. 15, Tafel IV
garan Abb. 6
Garebeg 86
Gareng 93, Abb. 47
garis miring **45,** 63, Abb. 19
Garuda 36, 49, **51,** 59, 83, 88, 91, 93,
   Abb. 23, 24
Garut 100, Abb. 20, Tab. 4, Tafel VII
gawangan 24, 25
Gegod 52, 59
gelinding Abb. 42
geringsing 42, 65, Abb. 26, 36, Tafel III
giri kencana Tafel V
Glukose, Glukosid 18
gondorukem **15,** 16, 22, Tab. 2, 3
gori Tafel XVI
gringsing s. geringsing
granitan Tab. 1, Tafel IV
grompol 102, Tab. 4, Tafel XXII
Gujarat 42, 43, Abb. 16
gurdo 59

H

halus Tab. 1, 4
Hamengku Buwana I 91
Hadiwijaya 60
Hanuman 93, Abb. 47
Harz Tab. 2
herangan Abb. 36
Hindu 49, 51, 82,
Hochzeit 42, 59, 86, 88, Abb. 31
Hokokai 74, Tafeln X, XI
Hyang Jaga Giri Noto 36

I

Iban 70
ikat **42,** 68, 70, Tafel III

iket kepala 50, 67, 87, Tab. 1, 4,
   Abb. 1, 38, 39
ima-ima Abb. 19
Imogiri Tafel II
Indanthren 17, 18, 23
Indican 18
Indigo 17, **18,** 19, 22, 23, 29, 31, 94, 102, 105,
   Tab. 4, Tafel I
Indigofera tinct. 18
Indigopaste 19
Indigosol 19, 23
Indigrubin 18
Indigweiß s. Leukobase
Indoxyl 18
Indramayu 23, 68, 100, Tab. 4, Abb. 10
Isatis tinct. 18
isen 17, 24, 29, 31, **64,** Tab. 4, Abb. 36,
   Tafeln II, V
Islam 36, 49, 77, 82

J

jambal 21, 22
jambangan 19
Jambi 105, 106, Tab. 4, Tafel XXIV
jangkang 22
jeding (kolam) 19
jelamprang 42, 45, 100, Abb. 17, 18, Tab. 4
jilamprang s. jelamprang
jirak 20
Juana Tab. 4

K

kabaya s. kebaya
Kacang-Batik s. kain kacang 10
kain **28,** 67, 87, 90, 100, Tab. 1, 4, Abb. 44,
   Tafel XVI
kain kacang 16
kain panjang 83
kakariyun Abb. 26
Kalangbret Tab. 4
Kalender, jav. 90
Kalimantan (Borneo) 31, Tab. 4
Kalk 19, 21, 22
kampuh = dodot 84
kanji, nganji 28, 31, 32
Kanoman 78
kanvas 11, Tab. 1
kapal api 102
kasar 11, Tab. 1
kasemekan = kemben 86
Kastubo Abb. 26
Katechu = Gambir

kawung 37, **38,** 51, 63, 74, 91, 93, 94, 97, 102,
   Abb. 15, Tafel XXIII
kebaya **86,** 88, 90, Tafel XVI
Kedungwuni 74, 100
kelak-keling Abb. 38
kelengan 30, 100
kemada 67, 84, 86, Tafel XXI
kembangan, kain 60, 86, 91
kembang jeruk 45, Abb. 18, 36
kembang lombok Abb. 36
kembang pepe 64, Abb. 36
kembang pulu = Safflor 22
kembang waru Abb. 36
kemben 67, 84, **86,** 91, Tab. 1, 4, Abb. 39
kendal 16
kepala 67, 68, 70, 84, 100, Tab. 4, Abb. 39,
   Tafeln IX, XXI
kerekkan 20, Abb. 5
kerok(an) s. ngerok, mengerok 8, **29,** Tab. 4,
   Tafel II
kerton Abb. 14
kesatrya 49, 63, Abb. 35
ketan 16
kliwon 41
klowong(an) 15, **28,** 31, 32, Tab. 2, 3, Abb. 9,
   Tafel I
kodi 20
Körperbindung Tab. 1
kolam s. jeding
Kolophonium 15, 22, Tab. 2
kombinasi Tab. 1
konca 90
Kongorot 23
Koromandelküste 10
Krama = Kromo 7
Krapp 17, 20, **23**
Kraton 36, Tafel XVI
krawitan 17
Kresna Abb. 21, 47
kris 48, 84, 88
kromo = krama 7
kuda rante 59, Abb. 29
Kudus Tab. 4
Küpe, K.-färberei 17, **18,** 23, 29
kuluk 90, Tafel XVI
kuncup 50
kunyit s. Curcuma 22
kuppeln 20
Kupplungssoga 21
kupu-kupu 50, Abb. 23, 59
Kurawa 93
Kyai Antakusuma 61

125

L

lanceng 15
lar **51,** 52, 59, Abb. 24
larangan 36, 45, 46, 49, **71,** 93, 94
laras kongas 59, Abb. 27
Lasem 17, **100,** 106, Tab. 4, Tafeln XXI, XXIV
latar 29, 62, **66**
l.-hitam = l. ireng 62, **66,** Abb. 27
l. putih 62, **66,** 84
Lebensbaum s. pohon hayat
Leinen 17, 23
Leinenbindung Tab. 1
lemak 16
lerak
lereng 37, **45,** 63, 102, Abb. 19, 35
Leukobase 18, 19
Levafix 23
lidah api **50,** 59, Abb. 23
lilin s. malam 13
l. bekas 16, Tab. 2
l. lorodan Tab. 2
l. tawon 15, Tab. 2
limarran 45, 93, Abb. 19
lindri Abb. 25
liwatan 88
lokcan 11, 67, **75,** 84, 100, 102, Abb. 39, 42, Tab. 4
lorod(an), nglorod 23, 29, 31, Tab. 2, 3, 4
loyang 25
lung-lungan 49, Abb. 22, 23
lurik 87, 88

M

Madiun 22
Madura 22, 67, **102,** Tab. 4, Tafeln VII, XVIII, XXIII
Magnifera indica 102
Mahabharata Abb. 20, 21, 47
Majan Tab. 4
Majapahit 38, 48
malam 13, 15
malam kote 15, Tab. 2
malam lanceng 15
mancapat **41,** 51
Mangkunegaran 91
Mango 102
Mantingan 36
Margorejo 102, Tab. 4, Tafel XXII
Markisah Abb. 14
Masina 83, Abb. 43, Tafeln VII, XV
mata hari Abb. 17

mata kucing 14, **15,** 16, Tab. 3
Mataram 48, 91
mbabar 30
mbatik s. ambatik 8, 28
mbironi **29,** 30, 31, Tafeln I, II
mbliriki s. tembok 29
medel 19, **29,** 31, 32, Tafel I
mega mendung **78,** 100, 102, Tafel XIV
Melasse **18,** 19
melinjo **46,** Abb. 20, 36
membatik = ambatik, mbatik 8
memutihan 32
mencap s. cap
mencelup s. celup 31
mencuci 25
menembok s. tembok 8, Tafel I
menganji s. kanji
mengerok s. kerok(an), ngerok 8
mengetel 28
Mengkudu 16, **20,** 22, 23, 30, 31, 94, 102, 105, Tab. 4, Abb. 10
menutup s. tutup 31
menyareni s. nyaren, saren 8
menyoga s. Soga, nyoga 29
menyolet s. colet(an) 31
merak 50
meru 41, **42,** 50, 52, 59, 83, 93, Abb. 23
merzerisiert, mercerisiert 11
Miao 9, Abb. 2
midodareni 90
Mikrowachs 15, Tab. 2, 3
Ming-Dynastie 83
minyak kacang 16, Tab. 2
minyak kelapa 16, Tab. 2
mirong 51, Abb. 24
mitoni 87, 88
modang 67, Abb. 38, 39
Mojokerto Tab. 4
mori 11, 28
Morinda citrifolia 20, 22
Morindin **20,** 23
mrutu sewu 66, Abb. 37
Murex trunculus 18

N

naga 49, **51,** Abb. 23, 35
nangka 22
Nara/Japan 9
Naphthol 17, **20,** 21, 22, 23
Natursoga 21, 22, Tab. 4
nembok s. tembok Tafeln XVII, XXI
nganji s. kanji 28, 31, 32

ngebyok = nglorod 30
ngemplong 28, 31
ngerok s. kerok(an) 8, 13, 29, 30, 31, Tafeln I, II
ngerussi (terusan) 25, **29,** Abb. 9
ngirah = mencuci 25
nglorod (lorodan, mbabar) 30, 31, 32, Tafel I
ngloyor s. mengetel
ngoko 7
ngremuk (Brüche) 95, 113
ngrengreng (rengrengan) 29, 31
ngumbah 29
nila 18
nilai = medel 19
nitik 8, 24, 37, **45,** 67, 90, 100, Tab. 4, Abb. 17, 18
nyamping 83
nyaren = menyareni, saren 8, **31**
nyerat = menyerat, serat(an) 7, 25
nyoga = menyoga, soga **29,** 31, 32, Tafel I

O

Oey Soe Tjoen 74, 100, Abb. 39, Tafel XI
Ölsäure 20
ombak 60
Ostjava 102, Tab. 4, Abb. 12
owal-awil Abb. 36
Oxidation 17, 18, 19

P

Pacebaum 20
pagi sore 84, 87, 105, Abb. 39, 44, Tab. 4, Tafeln X, XXIV
Paku Alaman 91
Paku Buwana III 91
Palembang 105, Tab. 4
Panakawan 93, Abb. 47
Pandawa 93, Abb. 47
pangeran 91
Panji 48
papan 84, Abb. 44
Papua 48
Paraffin **15,** 16, Tab. 2, 3
parang 37, **45,** 49, 61, 63, 74, 83, 91, 93, 94, 97, Tab. 4, Abb. 20, 21, 39, Tafel XVI
parang baladewa Abb. 21
parang baris Abb. 21
parang barong 47, Abb. 20, Tafel XVI
parang curigo Abb. 20
parang garut Abb. 21
parang klitik 47, Abb. 20
parang kusuma Abb. 21

parang rusak 35, 36, **46,** 47, 90, Abb. 20
parang sawut Abb. 21
parang sisik Abb. 20
parang tuding Abb. 21
Parikesit Abb. 20, 47
pasisiran 17, **73,** 78, 84, 94, **100,** 105, 106
Patan s. Gujarat
Patola 38, **42,** Abb. 16, Tafel III
Pekalongan 17, 19, 22, 31, 45, 67, 74, **100,**
   106, Tab. 4, Tafeln II, VII, VIII, IX, XI,
   XII, XIII, XVIII, XXI, XXIII
peksi kreno (kirna) Abb. 14
peksi naga liman 83, Abb. 41
pelangi 8, 86, Abb. 1
Peltophorum pterocarpum 21
pendelegan Abb. 15
pengada Abb. 38, 39
perang Lombok Tafel XII
Petruk 93, Abb. 47
Pflanzenfarbstoff 22, 23
pinggir **67,** 100, Abb. 38, 39, Tafel VII
Pinus mercusii 15
piring aji 75, Tafel VII
pisang bali(k) 49, Abb. 26
plangi s. pelangi
pohon hayat **50,** 52, 59, Abb. 23
pola 29
poleng 64, 93, Abb. 36
poncot 67, Abb. 38
Ponorogo 102, Tab. 4
popokan = tutupan
prada (kain p.) 88
Prambanan 38
prima 11, Tab. 1, 4
primissima 11, Tab. 1, 4
Procion 23
Purpur 17, **18,** 19, 23
Purwokerto Tab. 4
pusaka **51,** 52, 59, Abb. 23
putih 32

Q

Quercetin 22

R

radioan 32
Raffles, Sir
Rahardjo, Padmo 100
Ramayana 93, Abb. 25, 47
rambut(an) 64, Abb. 36
Rapidecht **21,** 23

Rapport Abb. 25, Anhang
Rapportstift s. cap
Ratu Kidul 60, 86, 91
Reaktivfarbstoffe 23
Reduktion 17, 18, **19**
Remazol 17, 23
Rembang Tab. 4, Tafel XVI
Rengganis Abb. 17
rengrengan 24, 29, Tafel II
Ripsbindung Tab. 1
riti-riti Abb. 19
Rizinusöl 20
rokechi 9
Rubia tinct. 20
rujak sente 49, 88, 91, Abb. 21

S

sabuk 84
Safflor 22
Sammelmuster 37
Samoa Abb. 40
sampur 84
saren s. nyareni 8, 21, 22, 30
sari kuning 21, 22
sari mulat Abb. 17
sarita Abb. 11
sarong 11, 35, 67, 68, 75, **84,** 86, 100, Abb. 44,
   Tab. 1, 4, Tafeln IX, XXI
sasah 20
sawat **51,** 52, 59, 91, Abb. 24
sawat gegod 52, 59, Abb. 24
sawat penganten Abb. 43
sawut 64, Tab. 4, Abb. 36
Schattenspiel 10, 77, Abb. 47
Seelenschiff 50
Seide 11, 32, Tab. 4
Seidenstraße 10, Abb. 3
sekar adas Abb. 18
sekar cengkeh Abb. 17
sekar jagad 62, Tafel XVII
sekar jeram = kembang jeruk Abb. 18
sekar kentang Abb. 18
sekar kepel Abb. 14
sekar lombok Abb. 17
sekar randu Abb. 18
sekar taji Abb. 14
selimut s. simbut
selendang 11, 67, 75, **86,** 90, 102, Tab. 4,
   Abb. 38
Semar 93, Abb. 47
Semarang 100
sembagen huk **52,** 91, Abb. 38
sembong 88

Semen(motive) 37, 49
semen cuwiri **59,** Abb. 28, 50
semen gurdo **59,** Abb. 25, 27
semen rama 50, **59,** Abb. 25, 29, Tafel XXI
semen sawat garuda Abb. 24, 27
semen sawat putro Abb. 29
semen sido asih **52,** 66, Abb. 25, 30, 43
semen sri kuncoro 59, Abb. 27
semen sukorini **59,** Abb. 24, 28
serat(an) 7, 8, 25
seret 67
setagen 83
Shiva 36, 49, 51
Shorea javanica 15
sidangan 86
Sidoarjo 107, Tab. 4
sido dadi **59,** 88, Abb. 31
sido luhur 52, **59,** Abb. 24, 25, 28
sido mukti 52, **59,** 66, 88, 90, Abb. 29, 31
sido mulyo **59,** Abb. 31
sikepan 88
simbut (s. kain) 16, **30,** 31, Abb. 10
singa payung Abb. 41
siraman 87, **90**
sirapan 64, Abb. 19
sisik 65, Tab. 4, Abb. 36
slendang = Selendang
slobok Abb. 14
Soda 28
Soga 17, **21,** 22, 23, 30, 31, 94, 102, Tab. 4,
   Abb. 34, Tafel I
Sogafärberei **21,** 95
Solo = Surakarta 17, 36, 37, 59, 60, 84, 91, 94,
   95, 100, Tab. 4, Abb. 32, 38, 39,
   Tafeln XVI, XVII, XXI
Songket 84
substantive Farbstoffe 17, 23
Sterculia futida = jangkang 22
Sulardjo Tafel V
Sulawesi 35, 70, Abb. 11, 40
Sultan 35, Tafel XVI
Sumatra 105, Tab. 4, Abb. 39, Tafel XXIV
Sumihardjo Tafel V
Sunan 60, 91
Sunan Gunung Jati 82
Sunardi Suryodiprojo Abb. 45, Tafel XX
sunat 88
Sunyaragi 78, 82, Tafel XV
Surakarta = Solo
surjan 87, 90, Tafel XVI
Suyudana Abb. 47
swastika 35, 37, 38
Symplocos fasciculata Zoll. 20, 22

T

Tachardia lacc. Kerr. 21
Tahu 10
takhta **50,** 52, 59, Abb. 23
Talg 16, Tab. 3
Taman Geledeg Abb. 42
taman trate Abb. 41
tambal **61,** 62, 93, Abb. 34, 51, Tafel XX
tanah endut hitam 23
tanjung gunung 90, Abb. 17
tapa Abb. 40
tapih 83
tarum 18
Tasikmalaya 100, 102, Tab. 4
tawon s. linin tawon
Teepol 11
Tegal Tab. 4
tegeran 21, 22
tembok 8, 15, 24, **29,** 31, 32, Tab. 2, 3,
 Abb. 9, Tafel I
tengahan 67
Tenganan 42, 65, Tafel III
Tengger 61, 93
tenun gedog 102, Tafel XXII
terang bulan 37, 49, 61, **74,** 100, 102
teruntum 59, 90, Abb. 31, Tafel 31
tetel 66, Abb. 30, 37
tiga negeri 17, 100, Abb. 39, Tafel VII, XXI
tik 8
tingi 21, 22

Tirtaamijaya, Iwan 83
tirtateja 45, Abb. 18
tjanting s. canting 8
Tjoa Giok Tjiam 100
Togog Abb. 47
Toraja 68, 70, Abb. 11, 40
Trenggalek Tab. 4
Trinität 36
tritik = taritik 8, 84, Abb. 1, 38
TRO 20
truntum s. teruntum
Trusmi 83, Abb. 43, Tafel VII
Tuban 102, Tab. 4, Tafel XXII
tukang 87
tukang cap 25
Türkischrotöl s. TRO
tulis 11, 13, 28, Tab. 1, 2, 4, Abb. 50, Tafel II
Tulungagung 102, Tab. 4
tumbuhan 50, Abb. 23
tumpal 35, 61, 67, 68, 70, 83, 84, 86, 88, 100,
 105, Tab. 4, Abb. 39, 44, Tafeln VII, XV,
 XXI, XXIV
tutup(an) Tab. 3

U

udan liris 49, 91, 93, Abb. 21
ukel 59, **66,** 97, 102, Tab. 4, Abb. 36,
 Tafel VI, XXI
urang ayu Abb. 14

V

Voilissima 11, Tab. 1

W

Wachsmischung 15, Tab. 2
wadasan 78
Wahyu = Bayu
wajan 25, Abb. 7
Wasserglas 17
wayang 77, **93,** Abb. 28, 47
wedel(an) 19, **29**
Westjava 31, 100
Winotosastro 7, Tafeln IV, VI u. a.
wirasat **59,** 90, Abb. 31
wiron 83
Wishnu 36, 42, 49, 50, 51
Wonogiri 95, Tab. 4, Tafeln XVII, XIX
Wonopringgo 100, Tab. 4, Tafel XXIII

Y

Yogyakarta 36, 37, 61, 84, 87, 91, 95, Tab. 4,
 Abb. 38, 39, Tafeln II, XVI, XVII

Z

Zellulose 17, 23
Zinkstaub 18, 19
Zucker, Melasse 18
Zuylen, E. van 74, 84, Tafeln IX, XII